Weiterführend empfehlen wir:

Der individuelle Ehevertrag
ISBN 978-3-8029-3426-1

Paare ohne Trauschein
ISBN 978-3-8029-3433-9

Geld-Checkliste Scheidung
ISBN 978-3-8029-3509-1

Das aktuelle Scheidungsrecht
ISBN 978-3-8029-3514-5

Unterhalt nach Trennung und Scheidung
ISBN 978-3-8029-3836-8

Weitere Titel unter: www.WALHALLA.de

Wir freuen uns über Ihr Interesse an diesem Buch. Gerne stellen wir Ihnen zusätzliche Informationen zu diesem Programmsegment zur Verfügung.

Bitte sprechen Sie uns an:

E-Mail: WALHALLA@WALHALLA.de
http://www.WALHALLA.de

Walhalla Fachverlag · Haus an der Eisernen Brücke · 93042 Regensburg
Telefon (09 41) 56 84-0 · Telefax (09 41) 56 84-1 11

Finn Zwißler

Elternunterhalt: Wann zahlen Kinder für ihre Eltern?

So wehren Sie sich gegen Regressforderungen des Sozialamts

9., aktualisierte Auflage

WALHALLA Rechtshilfen

WALHALLA FACHVERLAG

Bibliografische Information der Deutschen Nationalbibliothek
Die Deutsche Nationalbibliothek verzeichnet diese Publikation in der Deutschen Nationalbibliografie; detaillierte bibliografische Daten sind im Internet über http://dnb.d-nb.de abrufbar.

Zitiervorschlag:
Finn Zwißler, Elternunterhalt: Wann zahlen Kinder für ihre Eltern?
Walhalla Fachverlag, Regensburg 2012

Hinweis: Unsere Ratgeber sind stets bemüht, Sie nach bestem Wissen zu informieren. Die vorliegende Ausgabe beruht auf dem Stand von Juni 2012. Verbindliche Auskünfte holen Sie gegebenenfalls bei Ihrem Steuerberater bzw. Rechtsanwalt ein.

9., aktualisierte Auflage

Produktion: Walhalla Fachverlag, 93042 Regensburg
Umschlaggestaltung: grubergrafik, Augsburg
Druck und Bindung: Westermann Druck Zwickau GmbH
Printed in Germany
ISBN 978-3-8029-3505-3

SBL-WDZ-0612-138-O

Schnellübersicht

Unterhaltspflicht von Kindern

In der Bevölkerung ist weitgehend unbekannt, dass auch Kinder ihren Eltern gegenüber unterhaltspflichtig sind. Das Bürgerliche Gesetzbuch (BGB) sieht die Unterhaltspflicht von Kindern gegenüber den Eltern ebenso vor wie die Unterhaltspflicht von Eltern gegenüber ihren Kindern.

Sicherlich ist in der Praxis der Fall seltener, dass Eltern auf ihre Kinder zugehen und von diesen Unterhalt einfordern oder diesen gar gerichtlich geltend machen. Dies liegt in der naturgegebenen und gesellschaftlich verankerten Verantwortung der Eltern gegenüber ihren Kindern und darin, dass die Bedürftigkeit der Eltern nach einem langen Berufsleben seltener eintritt als die von Kindern.

Verstärkt tritt jedoch gegenwärtig und zukünftig eine Bedürftigkeit der Eltern auf – verursacht durch die hohe Lebenserwartung bei dem allmählichen Scheitern des Rentensystems. Die nach wie vor hohe Arbeitslosigkeit und Hartz IV werden diese Entwicklung wohl noch beschleunigen.

In aller Regel wenden sich die Eltern zunächst an das Sozialamt. Die staatlichen Kassen sind angesichts einer hohen Anzahl von Sozialhilfeempfängern leer. Das Sozialamt tritt zwar vorübergehend in der Notsituation ein, haftet gegenüber dem Kind als Unterhaltsschuldner jedoch nur nachrangig und fordert daher grundsätzlich Regress von den Kindern bzw. scheut auch nicht davor zurück, notfalls die Gerichte einzuschalten.

Dies gilt nicht nur dann, wenn die Eltern zu Lebzeiten oder auch für den Fall des Todes ihren Kindern Vermögensgegenstände zugewandt haben, wodurch sie bedürftig geworden sind. Vielmehr wird auch von dem Kind Regress gefordert, welches von seinen Eltern bisher nicht bedacht wurde.

Mit Einführung der sogenannten Grundsicherung im Alter und bei Erwerbsminderung ist zwar das Problem des Elternunterhalts in Teilbereichen leicht entschärft, aber bei weitem nicht beseitigt worden. Der Elternunterhalt aus dem Bürgerlichen Gesetzbuch besteht nach wie vor in vollem Umfang. Lediglich Kinder von Eltern, die grundsicherungsberechtigt sind, können ein wenig aufatmen. Das Problem des Elternunterhalts besteht fort, zumal gerade in jüngster Zeit einige für Kinder negative BGH-Entscheidungen ergangen sind.

Generell, aber insbesondere in den Fällen der Schenkungen unter Lebenden bzw. der vorweggenommenen Erbfolge, besteht ein legitimes Interesse daran, eine vertragliche Gestaltung zu wählen, mit welcher der Sozialhilferegress möglichst vermieden wird.

Der vorliegende Ratgeber führt in die einzelnen Problembereiche des Elternunterhalts ein, einschließlich des Sozialhilferegresses bei nicht nachgekommener Unterhaltspflicht, bei Schenkungen bzw. gegenüber Erben und macht schließlich einen Exkurs zur Grundsicherung.

Finn Zwißler

Finn Zwißler
Prielmayerstraße 3
80335 München
Tel.: 0 89/55 02 73 11
Fax: 0 89/55 02 73 13
E-Mail: kanzlei@rechtsanwalt-zwissler.de
Internet: www.rechtsanwalt-zwissler.de

Abkürzungen

BGB	Bürgerliches Gesetzbuch
BGBl.	Bundesgesetzblatt
BGH	Bundesgerichtshof
BSHG	Bundessozialhilfegesetz
SGB	Sozialgesetzbuch

Unterhaltsansprüche

2

2

Unterhaltsansprüche unter Verwandten

Auf die Verwandtschaft in gerader Linie kommt es an. Verwandte in gerader Linie sind verpflichtet, einander Unterhalt zu gewähren (§ 1601 BGB).

Verwandtschaft und Schwägerschaft

Verwandtschaft

In gerader Linie verwandt sind Personen, bei denen eine von der anderen abstammt (Eltern/Kinder). Personen, die nicht in gerader Linie verwandt sind, aber von derselben dritten Person abstammen, sind in der Seitenlinie verwandt (Geschwister). Der Grad der Verwandtschaft bestimmt sich nach der Zahl der sie vermittelnden Geburten (§ 1589 BGB).

Schwägerschaft

Von der Verwandtschaft zu unterscheiden ist die Schwägerschaft. Schwägerschaft entsteht zwischen einem Ehegatten und den Verwandten des anderen Ehegatten. Die Linie und der Grad der Schwägerschaft bestimmt sich nach der Linie und dem Grad der sie vermittelnden Verwandtschaft. Die Schwägerschaft dauert fort, auch wenn die Ehe, durch die sie begründet wurde, aufgelöst ist (§ 1590 BGB).

Damit sind nicht nur Eltern gegenüber ihren Kindern unterhaltspflichtig. Vielmehr sind alle in gerader Linie miteinander Verwandten, sei es absteigend oder aufsteigend, gegenseitig unterhaltspflichtig. So sind die Kinder gegenüber den Eltern unterhaltspflichtig und grundsätzlich auch gegenüber den Großeltern, wobei Letztere in der Praxis aufgrund der sozialhilferechtlichen Vorschriften im Grunde ausscheiden.

Keine Unterhaltspflicht gegenüber Geschwistern und Verschwägerten

Die Unterhaltspflicht erstreckt sich dagegen nicht auf Verwandte in der Seitenlinie, so dass es keine gesetzliche Unterhaltspflicht gegenüber Geschwistern gibt.

Ebenso besteht unter Verschwägerten keine Unterhaltspflicht, genauso wie z. B. auch der Stiefvater gegenüber den Stiefkindern grundsätzlich nicht unterhaltspflichtig ist.

Auch hat der BGH in seiner neueren Rechtsprechung keine „verschleierte Schwiegersohnhaftung" begründet, indem er entschieden hat, dass bei der Inanspruchnahme einer Tochter für den Unterhalt ihrer Mutter auch das Einkommen des Ehemannes der Tochter von Bedeutung sein kann.

Keinesfalls wurde damit entschieden, dass der Schwiegersohn an die Schwiegermutter Unterhalt zahlen müsste.

Allenfalls könnte man von einer mittelbaren oder indirekten „Haftung" des Schwiegersohnes sprechen, da die Tochter wegen des hohen Gehaltes des Schwiegersohnes an ihre Mutter und damit die Schwiegermutter des Schwiegersohnes Unterhalt bzw. einen höheren Unterhalt bezahlen muss.

Unterhalt bis an das Lebensende

Die Unterhaltspflicht ist grundsätzlich von unbegrenzter Dauer, solange die Leistungsfähigkeit des Unterhaltsverpflichteten und die Bedürftigkeit des Unterhaltsberechtigten bestehen.

Bedürftigkeit und Leistungsfähigkeit

Unterhaltsberechtigt ist nur, wer außerstande ist, sich selbst zu unterhalten (§ 1602 BGB). Danach kommt es darauf an, ob der den Unterhalt verlangende Verwandte bedürftig ist.

Wichtig: Unterhaltspflichtig ist nicht, wer bei Berücksichtigung seiner sonstigen Verpflichtungen außerstande ist, ohne Gefährdung seines angemessenen Unterhalts den Unterhalt zu gewähren (§ 1603 BGB). Beim Unterhaltsverpflichteten ist somit dessen Leistungsfähigkeit ausschlaggebend.

Unterhaltsansprüche der Eltern gegen ihre Kinder

Unterhaltspflicht Eltern-Kind und Kind-Eltern

Nach § 1601 BGB schulden nicht nur die Eltern ihren Kindern Unterhalt, sondern auch die Kinder ihren Eltern. Dies gilt für ein Leben lang unter der Voraussetzung, dass die Kinder leistungsfähig und die Eltern bedürftig sind. Darüber hinaus haftet der Ehegatte des unterhaltsbedürftigen Elternteils stets vorrangig.

Sozialhilferegress

Übergang des Unterhaltsanspruchs der Eltern

Wenn und soweit das Sozialamt für einen unterhaltsbedürftigen Elternteil einspringt, geht der Unterhaltsanspruch des Elternteils gegen das Kind nach § 94 Abs. 1 SGB XII auf das Sozialamt über, d. h. genauer gesagt, auf den Träger der Sozialhilfe, mit der Folge, dass das Sozialamt den Unterhalt für die Eltern bei den Kindern einfordert. Etwas anderes gilt bei Grundsicherung (vgl. hierzu Kapitel 10).

Kein Sozialhilferegress bei Unterhaltsanspruch der Großeltern

Gemäß § 94 Abs. 1 Satz 3 SGB XII ist bei Ansprüchen von Großeltern gegen die Enkel ein Anspruchsübergang ausgeschlossen.

Rückforderung von Sozialhilfeleistungen

Wenn ein Kind einem unterhaltsbedürftigen Elternteil freiwillig keinen Unterhalt bezahlt, springt – damit der Elternteil überleben kann – das Sozialamt ein und bezahlt an den unterhaltsbedürftigen Elternteil Unterhalt. Diese Unterhaltsleistungen können vom Sozialamt auf dem Wege des Regresses von dem unterhaltspflichtigen Kind bzw. den unterhaltspflichtigen Kindern zurückgefordert werden. Ausnahmen gelten bei Grundsicherung im Alter und bei Erwerbsminderung (vgl. hierzu Kapitel 10).

Enge Voraussetzungen des Unterhaltsanspruchs der Eltern (Nachranggrundsatz)

Die Voraussetzungen eines Unterhaltsanspruchs der Eltern gegen die Kinder sind jedoch in der Praxis deutlich enger als für den Unterhaltsanspruch der Kinder gegenüber den Eltern.

Dies liegt daran, dass sich, anders als die Eltern, wenn sich diese ein Kind wünschen, die Kinder auf eine Unterhaltsleistung ihrer Eltern nicht eingestellt haben und darüber hinaus durch Sozialabgaben und Steuern ohnehin bereits umfangreich zur Finanzierung der älteren Generation beitragen. Diesen Nachranggrundsatz hat das Bundesverfassungsgericht in einer jüngeren Entscheidung nochmals deutlich hervorgehoben (BVerfG Urteil vom 07.06.2005, 1 BvR 1508/96).

Unterhaltspflicht, wenn keine oder keine ausreichende Altersversorgung besteht

Ein Unterhaltsanspruch der Eltern kann bereits dann entstehen, wenn diese über keine ausreichende Altersversorgung verfügen oder die Altersversorgung bzw. Grundsicherung nicht für die regelmäßig sehr hohen Kosten eines Alten- bzw. Pflegeheims ausreichen.

Vermögen der Eltern ist zu verwerten

Haben die Eltern jedoch Vermögen, ist dies zu verwerten, bevor ein Unterhaltsanspruch gegen die Kinder geltend gemacht werden kann.

Unterhaltspflicht bei Arbeitslosigkeit der Eltern

Aber nicht nur im hohen Alter, sondern auch z. B. wegen Arbeitslosigkeit können Eltern gegen ihre Kinder einen Unterhaltsanspruch haben. Im Falle von Arbeitslosigkeit sind allerdings sehr hohe Anforderungen daran zu stellen, ob die Arbeitslosigkeit nicht vermeidbar wäre. Die Eltern müssen dabei jede Tätigkeit annehmen, notfalls auch eine solche, die von ihrem Niveau niedriger ist als ihre Ausbildung.

Wichtig: Kinder haben gegenüber ihren Eltern keine gesteigerte Unterhaltspflicht. Diese ist nachrangig gegenüber den Unterhaltsansprüchen von Ehegatten und minderjährigen sowie volljährigen Kindern.

Ferner müssen Eltern, bevor sie auf ihre Kinder mit Unterhaltsansprüchen zugehen, vorrangig Unterhalt von ihrem Ehegatten verlangen, und zwar auch dann, wenn sie von diesem bereits geschieden sind.

Einschränkung der Lebensführung des Kindes aufgrund der Unterhaltspflicht

Auch im Verhältnis zum Elternunterhalt kann es für ein Kind zumutbar sein, getroffene Vermögensdispositionen rückgängig zu machen (z. B. Kauf eines Hauses). Dabei kommt es jedoch wieder auf die unterschiedliche Lebenssituation an, in der sich die Eltern bei der Frage nach dem Unterhalt für das Kind befanden und sich jetzt das Kind bei der Frage nach dem Unterhalt für die Eltern befindet.

Vorhersehbarkeit und Zumutbarkeit

Bei der Frage der Vorhersehbarkeit und Zumutbarkeit ist entscheidend, in welchem Maße u. U. die gegenwärtige Lebensführung zur Bezahlung des Unterhalts eingeschränkt werden muss und deswegen getroffene Vermögensdispositionen rückgängig gemacht oder zumindest geändert werden müssen. Ohne weitere

Anhaltspunkte wird das Kind regelmäßig nicht davon ausgehen müssen, dass seine Eltern unterhaltsbedürftig werden, und entsprechende Vermögensdispositionen treffen können, ohne stets hypothetisch damit rechnen zu müssen, dass diese Vermögensdispositionen aufgrund abstrakt möglicher Unterhaltsbedürftigkeit der Eltern rückgängig zu machen wären.

Auskunftspflicht des Unterhaltsschuldners

Auskunftsanspruch und Auskunftspflicht

Regelmäßig hüllt sich der Unterhaltspflichtige, wenn es darauf ankommt, über die Höhe seiner Einkünfte in Schweigen. Dem Unterhaltsberechtigten wäre es danach nicht möglich, die Höhe seines angemessenen Unterhalts zu berechnen und gegenüber dem Unterhaltsverpflichteten geltend zu machen. Trotz bestehenden Unterhaltsanspruchs könnte der Unterhaltsberechtigte diesen nicht durchsetzen, da der Unterhaltsberechtigte nicht einfach eine beliebige Summe in den Raum stellen kann.

Achtung: Damit der Unterhaltsberechtigte seinen Unterhaltsanspruch aber dennoch durchsetzen kann, hat der Gesetzgeber den Unterhaltsberechtigten mit einem umfangreichen Auskunftsanspruch ausgestattet.

Auskunftsverpflichtung unter Verwandten in gerader Linie

Danach sind Verwandte in gerader Linie einander verpflichtet, auf Verlangen über ihre Einkünfte und ihr Vermögen Auskunft zu erteilen, soweit dies zur Feststellung des Unterhaltsanspruchs oder einer Unterhaltsverpflichtung erforderlich ist. Über die Höhe der Einkünfte sind auf Verlangen Belege, insbesondere Bescheinigungen des Arbeitgebers vorzulegen (§ 1605 Abs. 1 Satz 1 und Satz 2 BGB).

Die Auskunftspflicht besteht danach nicht nur einseitig vom Unterhaltsverpflichteten gegenüber dem Unterhaltsberechtigten, sondern auch umgekehrt vom Unterhaltsberechtigten gegenüber dem Unterhaltsverpflichteten.

Dies beruht darauf, dass sowohl der Unterhaltsberechtigte als auch der Unterhaltsverpflichtete sich gegenseitig über die Einkommens- und Vermögensverhältnisse Einblick verschaffen müssen, da die Einkommens- und Vermögensverhältnisse für die Höhe des Unterhaltsanspruchs sowohl aus der Sicht des Unterhaltspflichtigen als auch des Unterhaltsberechtigten von Bedeutung sind.

Keine automatische Auskunftspflicht!

Der Auskunftsanspruch muss grundsätzlich geltend gemacht werden. Es besteht somit keine automatische Auskunftspflicht. In engen Grenzen besteht allerdings eine Pflicht zur unaufgeforderten Information, wie z. B. bei der Aufnahme einer Erwerbstätigkeit durch den Unterhaltsberechtigten.

Wichtig: Wird die Auskunft verweigert, kann im Rahmen einer sogenannten „Stufenklage" vor dem Gericht zunächst auf Auskunft geklagt werden sowie anschließend darauf, dass die Richtigkeit der abgegebenen Auskunft an Eides statt versichert wird und schließlich auf Bezahlung des sich aus der Auskunft ergebenden Unterhaltsbetrags.

Schadensersatzanspruch bei verweigerter Auskunft

Eine nicht oder fälschlicherweise erteilte Auskunft kann auch zu einem Schadensersatzanspruch führen.

Dies gilt insbesondere dann, wenn z. B. der Unterhaltspflichtige unaufgefordert weiter Unterhalt bezahlt; allerdings nur deswegen, weil er den Unterhaltsberechtigten um Auskunft ersuchte, welcher diese zwar erteilte, jedoch verschwieg, dass er Einkünfte aus einer nicht unerheblichen Aushilfstätigkeit erzielte.

Form und Umfang der Auskunft

Bedeutsam sind Form und vor allem Umfang, in welcher die Auskunft zu erteilen ist.

Grundsätzlich erforderlich ist die Vorlage einer systematischen Aufstellung der bedeutsamen Angaben für die Einkünfte, welche es dem Unterhaltsberechtigten ohne übermäßigen Arbeitsaufwand ermöglicht, seinen Unterhaltsanspruch zu berechnen. Dabei ist es nicht ausreichend, wenn z. B. die Lohnsteuerbescheinigung vorgelegt wird. Erforderlich wäre vielmehr eine detaillierte Verdienstbescheinigung des Arbeitgebers. Bei Selbstständigen sind die Bilanzen vorzulegen, bei Angestellten kann regelmäßig Auskunft über die Einkünfte der letzten zwölf Monate verlangt werden. Bei Selbstständigen ist sogar ein Zeitraum von regelmäßig drei Jahren maßgeblich.

Auskunft regelmäßig nur alle zwei Jahre

Aus Gründen des Rechtsfriedens muss die Auskunft jedoch nicht monatlich wiederholt werden. Vielmehr ist vor Ablauf von zwei Jahren ein erneuter Auskunftsanspruch nur möglich, wenn glaubhaft gemacht wird, dass der zur Auskunft Verpflichtete später, d. h. nachdem er Auskunft erteilt hatte, wesentlich höhere Einkünfte oder weiteres Vermögen erworben hat (§ 1605 Abs. 2 BGB).

Leistungsfähigkeit

Leistungsfähigkeit der unterhaltsverpflichteten Kinder

Leistungsfähigkeit ist Voraussetzung

Seitens des Unterhaltsverpflichteten kommt es darauf an, ob dieser leistungsfähig ist.

Unterhaltspflichtig ist nicht, wer bei Berücksichtigung seiner sonstigen Verpflichtungen außerstande ist, ohne Gefährdung seines angemessenen Unterhalts den Unterhalt zu gewähren (§ 1603 Abs. 1 BGB).

Einkünfte des Unterhaltsverpflichteten

Zur Leistungsfähigkeit zählen Einkünfte sowie Vermögen und das, was der Unterhaltsverpflichtete verdienen könnte.

Bei den Einkünften kommt es auf die Nettoeinkünfte an. Berufliche Aufwendungen sind vorweg abzuziehen.

Rückgriff auf den Vermögensstamm

Unter Umständen muss der Unterhaltsverpflichtete auf den Vermögensstamm zurückgreifen, um den Unterhalt zahlen zu können.

Selbstbehalt

Als Selbstbehalt verbleibt dem Unterhaltsverpflichteten zumindest der notwendige Eigenbedarf.

Unterhaltsverpflichtungen gegenüber Kindern und dem Ehegatten

Leistungsmindernd wirken sich Unterhaltsverpflichtungen gegenüber Kindern, auch nicht ehelichen oder aus früherer Ehe, aus. Gleiches gilt für die Unterhaltsverpflichtung gegenüber einem Ehegatten.

Berücksichtigung von Schulden?

Schulden des Unterhaltsverpflichteten vermindern regelmäßig nicht dessen Leistungsfähigkeit.

Bedürftigkeit des Unterhaltsberechtigten

Feststellung der Bedürftigkeit

Unterhaltsberechtigt ist nur, wer außerstande ist, sich selbst zu unterhalten (§ 1602 Abs. 1 BGB).

Der Anspruch auf Unterhalt setzt grundsätzlich Bedürftigkeit des Unterhaltsberechtigten voraus. Mangelnde Bedürftigkeit kann den Unterhaltsanspruch ausschließen oder mindern. Die Schwierigkeit der Unterhaltsberechnung liegt darin, das für den Unterhalt einsetzbare Einkommen zu bewerten.

Einkünfte des Unterhaltsberechtigten

Von einem bedürftigen Unterhaltsberechtigten kann gesprochen werden, wenn die eigenen Einkünfte des Unterhaltsberechtigten sowie das im Rahmen des Zumutbaren einzusetzende Vermögen nicht zur Deckung des Bedarfs ausreichen.

Bedürftigkeit liegt dagegen nicht vor, solange der Anspruchsteller über ausreichende eigene Einkünfte verfügt, mit denen er seinen Unterhalt bestreiten kann.

Zumutbarkeit eigener Erwerbstätigkeit

Grundsätzlich ist eine eigene Erwerbstätigkeit zumutbar.

Bei zumutbarer Erwerbstätigkeit werden die Einkünfte fiktiv hinzugerechnet, die hätten erzielt werden können.

Verwertung von Vermögen des Unterhaltsberechtigten

Das Vermögen des Unterhaltsberechtigten ist bis auf ein sogenanntes „Schonvermögen" aufzubrauchen, bevor ein unterhaltspflichtiges Kind in Anspruch genommen werden kann.

Bedarfsminderung

Bedarfsmindernd wirkt, wenn von Dritten Unterhaltsleistungen in Geld oder Naturalleistungen (z. B. Einkauf der Lebensmittel etc.) empfangen werden.

Wichtig: Bedarfsmindernd wirkt auch das mietfreie Wohnen und zwar sogar dann, wenn nicht der Leistungspflichtige die Miete bezahlt oder diesem die Wohnung gehört, sondern auch, wenn diese im Eigentum des Bedürftigen steht.

Schulden

Schulden des Unterhaltsberechtigten erhöhen regelmäßig nicht dessen Bedürftigkeit.

Bedürftigkeit nach Schenkung

Soweit ein Schenker nach der Vollziehung der Schenkung außerstande ist, seinen angemessenen Unterhalt zu bestreiten, kann er von dem Beschenkten die Herausgabe des Geschenks nach den Vorschriften über die Herausgabe einer ungerechtfertigten Bereicherung verlangen (§ 528 Abs. 1 BGB).

Bedürftigkeit bei bestehendem Wohnrecht

Ein im Wege des Nießbrauchs eingeräumtes lebenslanges Wohnrecht kann im Falle eines Aufenthalts im Pflegeheim nicht mehr ausgeübt werden und dazu führen, dass der Eigentümer das Objekt zu vermieten und dem Wohnberechtigten das Entgelt hierfür zu bezahlen hat, was die Bedürftigkeit des Unterhaltsberechtigten mindert oder entfallen lässt.

Herabsetzung des Unterhaltsanspruchs

Das sollten Sie beachten!

Ist der Unterhaltsberechtigte durch sein sittliches Verschulden bedürftig geworden, hat er seine eigene Unterhaltspflicht gegenüber dem Unterhaltspflichtigen gröblich vernachlässigt oder sich vorsätzlich einer schweren Verfehlung gegen den Unterhaltspflichtigen oder einen nahen Angehörigen des Unterhaltspflichtigen schuldig gemacht, braucht der Verpflichtete nur einen Beitrag zum Unterhalt in der Höhe zu leisten, die der Billigkeit entspricht. Die Verpflichtung fällt ganz weg, wenn die Inanspruchnahme des Verpflichteten grob unbillig wäre (§ 1611 Abs. 1 BGB).

Achtung: Der grundsätzlich bestehende Unterhaltsanspruch kann somit aus Billigkeitsgründen herabgesetzt, zeitlich begrenzt oder sogar versagt werden, soweit die Inanspruchnahme des Unterhaltsverpflichteten grob unbillig wäre.

Grobe Unbilligkeit

Eine grobe Unbilligkeit liegt beispielsweise vor, wenn:

- der Unterhaltsberechtigte seine Bedürftigkeit mutwillig herbeigeführt hat, z. B. Bedürftigkeit wegen Trunk- oder Drogensucht, Ausschlagung einer angebotenen Verdienstmöglichkeit, Selbstverstümmelung, Verringerung der Anstellungschancen wegen Wohnungswechsels aufs Land
- der Unterhaltsberechtigte seine eigene Unterhaltspflicht gröblich vernachlässigt hat, z. B.: Der Vater hat sich der Unterhaltspflicht gegenüber den jetzt in Anspruch genommenen Kindern infolge Alkoholsucht entzogen
- der Unterhaltsberechtigte sich eines Verbrechens oder eines schweren vorsätzlichen Vergehens gegen den Unterhaltsverpflichteten oder einen nahen Angehörigen des Unterhaltsverpflichteten schuldig gemacht hat, z. B. schwere Körperverletzung, Falschaussage im Unterhaltsprozess

- der Unterhaltsberechtigte sich über schwerwiegende Vermögensinteressen des Unterhaltsverpflichteten mutwillig hinweggesetzt hat, z. B. Denunziationen gegenüber Geschäftspartnern, wissentlich falsche oder leichtfertige Strafanzeigen

5

Unterhaltsumfang

Angemessener Unterhalt

Das Maß des zu gewährenden Unterhalts bestimmt sich nach der Lebensstellung des Bedürftigen (§ 1610 Abs. 1 BGB). Dies ist der angemessene Unterhalt.

Gesamter Lebensbedarf

Der Unterhalt umfasst den gesamten Lebensbedarf (§ 1610 Abs. 2 BGB) des Unterhaltsberechtigten, d. h. alles, was dieser zum Leben benötigt.

Wurde eine Unterhaltsverpflichtung des Kindes bzw. Unterhaltsberechtigung eines Elternteils dem Grunde nach festgestellt, kommt es bezüglich der Höhe auf den gesamten Lebensbedarf des Unterhaltsberechtigten an, d. h. nicht nur auf eine gewisse Geldsumme, damit der Unterhaltsberechtigte sich Lebensmittel einkaufen kann, sondern auch darauf, ob der Unterhaltsberechtigte außergewöhnliche Belastungen in seinem Lebensbereich hat, namentlich die Kosten für ein Alten- bzw. Pflegeheim. Auch diese Kosten sind neben Geldbeträgen für Lebensmittel, Miete etc. vom Unterhaltsverpflichteten zu bezahlen.

Einkünfte des Unterhaltsschuldners

Bei der Berechnung des Unterhaltsumfangs ist zunächst von den Einkünften des Unterhaltsschuldners auszugehen.

Maßgebend sind die Nettoeinkünfte. Abzuziehen sind davon berufsbedingte Aufwendungen.

Abzug des Kindesunterhalts

Bei der Berechnung des Elternunterhalts muss nach Ermittlung der durch die berufsbedingten Aufwendungen bereinigten Nettoeinkünfte zunächst der Kindesunterhalt abgezogen werden.

Eltern sind ihren Kindern gegenüber grundsätzlich zum Unterhalt verpflichtet, sofern sie leistungsfähig sind, d. h. ihnen nach

Abzug der Unterhaltsleistungen für das Kind das Existenzminimum verbleibt.

Derjenige, der das Kind aufzieht und bei dem es wohnt, leistet für das Kind Naturalunterhalt (Kochen, Waschen etc.). Der andere Unterhaltspflichtige leistet monatlich im Voraus Unterhalt in Geld nach der Düsseldorfer Tabelle (Stand 01.01.2012*).

Nettoeinkommen des Barunterhaltspflichtigen		Altersstufen in Jahren (§ 1612a Abs. 1 BGB)				Prozentsatz	Bedarfskontrollbetrag
		0–5	6–11	12–17	ab 18		
		Alle Beträge in EUR					
1.	bis 1500	317	364	426	488	100	770/950
2.	1501–1900	333	383	448	513	105	1050
3.	1901–2300	349	401	469	537	110	1150
4.	2301–2700	365	419	490	562	115	1250
5.	2701–3100	381	437	512	586	120	1350
6.	3101–3500	406	466	546	625	128	1450
7.	3501–3900	432	496	580	664	136	1550
8.	3901–4300	457	525	614	703	144	1650
9.	4301–4700	482	554	648	742	152	1750
10.	4701–5100	508	583	682	781	160	1850
	ab 5101	nach den Umständen des Falles					

* Die Düsseldorfer Tabelle 2011 gilt auch im Jahr 2012 unverändert fort.

6

Wichtig: Hinsichtlich des Kindesunterhalts ist die Düsseldorfer Tabelle sowohl nach Alter als auch nach der Höhe der Einkünfte nach oben hin gestaffelt. Dies gilt auch dann, wenn an das Kind kein Barunterhalt gezahlt wird, sondern dieses Naturalunterhalt erhält.

Die Tabelle weist angemessene Unterhaltsbeträge unter Berücksichtigung von Unterhaltszahlungen gegenüber einem Ehegatten und zwei Kindern aus.

Sollte die Zahl unterhaltsberechtigter Kinder größer oder kleiner oder einem Ehegatten kein Unterhalt zu zahlen sein, ist eine entsprechend höhere oder niedrigere Stufe zu nehmen. Eine niedrigere oder höhere Stufe ist anzuwenden bei weniger oder mehr Unterhaltsberechtigten.

Die Düsseldorfer Tabelle finden Sie stets aktuell im Internet unter: www.rechtsanwalt-zwissler.de oder auf der Seite des OLG Düsseldorf direkt.

Mit der Reform des Unterhaltsrechts wurde das Kindesunterhaltsrecht durch die gesetzliche Definition eines einheitlichen Mindestunterhalts für minderjährige Kinder vereinfacht. Der Mindestunterhalt minderjähriger Kinder wird in Anlehnung an den steuerlichen Freibetrag für das sächliche Existenzminimum (Kinderfreibetrag) gesetzlich definiert; das Unterhaltsrecht wurde insoweit an das Steuer- und Sozialrecht angepasst. Mit dem einheitlichen Mindestunterhalt wird außerdem die bisherige Differenzierung bei den Unterhaltssätzen für Kinder in den alten und neuen Bundesländern aufgehoben.

Selbstbehalt des Unterhaltsschuldners

Wie bereits mehrfach erwähnt, kommt es neben dem Bedarf des Unterhaltsberechtigten auf die Leistungsfähigkeit des Unterhaltsschuldners an. Dem Unterhaltsschuldner muss stets der sogenannte Selbstbehalt verbleiben.

Beim sogenannten Selbstbehalt handelt es sich um die Summe, die dem Unterhaltsschuldner stets für seine eigenen Belange verbleiben muss. Dieser Selbstbehalt beträgt bei Unterhalt gegenüber Ehegatten 1 050 EUR bzw. Kindern zwischen 770 EUR bis zu 950 EUR.

Zwar haften die Kinder für den Unterhalt der Eltern gleichfalls wie z. B. die Eltern für den Kindesunterhalt stets nach ihren Einkommens- und Vermögensverhältnissen. Die Kinder müssen neben ihrem Einkommen auch ihr Vermögen einsetzen, wenn und soweit sie dadurch nicht ihren angemessenen Unterhalt beeinträchtigen und außerstande wären, ihren sonstigen Verpflichtungen nachzukommen. Dennoch wird von den Unterhaltsleitlinien der verschiedenen Oberlandesgerichte, so z. B. nach der sogenannten Düsseldorfer Tabelle, beim Elternunterhalt regelmäßig ein Selbstbehalt des Unterhaltsschuldners in Höhe von 1 500 EUR angesetzt. Teilweise wird dies sogar noch als Untergrenze des angemessenen Bedarfs des Unterhaltsschuldners, d. h. des Kindes angenommen, was gleichbedeutend damit ist, dass durchaus auch ein darüber hinausgehender Selbstbehalt angenommen werden kann.

Insoweit handelt es sich nur um den Mindest-Selbstbehalt, was gleichbedeutend damit ist, dass bei höheren Einkünften auch ein höherer Selbstbehalt in Ansatz kommen kann. In diesem Bereich ist in Rechtsprechung und Literatur noch einiges im Unklaren.

Abzug des Ehegattenunterhalts

Von den Einkünften des Unterhaltsschuldners ist weiter der Ehegattenunterhalt abzuziehen, was den Elternunterhalt nochmals mindert.

Unterhalt bei zusammenlebenden Ehegatten

Die Ehegatten sind einander verpflichtet, durch ihre Arbeit und ihr Vermögen die Familie angemessen zu unterhalten (§ 1360 Satz 1 BGB).

Damit ist aber nicht gemeint, dass jeder Ehegatte das Gleiche leisten müsste oder beide einen gleich hohen Anteil an Geld zu tragen haben. Es wird von jedem nur das verlangt, was er zu leisten imstande ist, und natürlich auch nicht mehr, als der andere fordert. Eine Verpflichtung zur Arbeit besteht nicht.

Wichtig: Wenn der Unterhalt mit dem vorhandenen Vermögen bestritten werden kann, ist dies ausreichend.

Ist einem Ehegatten die Haushaltsführung überlassen, erfüllt er seine Verpflichtung in der Regel durch die Führung des Haushalts.

Der Gesetzgeber hat auf ein eheliches Leitbild (anders früher die Hausfrauenehe) verzichtet. Dennoch prägen drei verschiedene Ehetypen das Bild unserer Gesellschaft. Zum einen die Haushaltsführungsehe oder die Alleinverdienerehe. Zum anderen die Doppelverdienerehe und schließlich die Zuverdienerehe.

Alleinverdienerehe

Bei der Haushaltsführungsehe bzw. Alleinverdienerehe führt ein Ehegatte (Frau oder Mann) den Haushalt und erfüllt damit vollständig seine Verpflichtung, zum Familienunterhalt beizutragen. Der Partner geht arbeiten und muss durch die Arbeit den für die Familie erforderlichen Geldbedarf aufbringen. Der den Haushalt führende Teil erhält Haushaltsgeld und ein angemessenes Taschengeld für seine persönlichen Bedürfnisse. Im Interesse der Familie müssen beide ihre Kräfte so gut als möglich einsetzen. Tun sie dies nicht, kann auch auf deren Vermögen zurückgegriffen werden. Für den arbeitenden Teil ist auch Arbeit unter seinem Ausbildungsstand zumutbar, wenn sonst Geldeinbußen durch Arbeitslosigkeit drohen, die den Unterhalt der Familie gefährden.

Doppelverdienerehe

Bei der Doppelverdienerehe arbeiten beide. Es müssen aber nicht beide gleich viel Geld abgeben, sondern derjenige, der mehr verdient, bezahlt auch mehr. Die Haushaltsführung wird auf beide nach ihrer Belastung aufgeteilt. Derjenige, der länger arbeitet, hat naturgemäß auch weniger Pflichten im Haushalt.

Zuverdienerehe

In der Zuverdienerehe geht der Ehegatte, der den Haushalt führt, einer Teilzeitbeschäftigung nach. Damit es nicht zu einer Überbelastung kommt, muss der andere sich auch entsprechend an der Haushaltsführung beteiligen.

Zuvielleistungen

Zuvielleistungen können nach dem Willen des Gesetzgebers nicht zurückgefordert werden. Wenn sich insoweit ein Ehegatte für den anderen besonders eingesetzt hat, z. B. weil der andere sein Studium beenden wollte, besteht die Möglichkeit, ein Rückforderungsrecht des zu viel Geleisteten für den Fall der Scheidung zu vereinbaren. Für den Zeitraum während der Ehe ist dies nicht zulässig.

Der Familienunterhalt kann vertraglich nicht ausgeschlossen werden.

Eigene Einkünfte des Ehegatten

Hat der Ehegatte des unterhaltspflichtigen Kindes selbst Einkünfte, können diese bei der Berechnung des Elternunterhalts eigentlich nicht berücksichtigt werden, da diese zwar zum Familienunterhalt zählen, was für eine Anrechnung spricht, es aber nicht sein kann, dass der Ehegatte letztlich mit für den Unterhalt seiner Schwiegereltern aufkommen muss.

Selbstbehalt des Ehegatten

Hat der Ehegatte des unterhaltspflichtigen Kindes dagegen keine Einkünfte, muss zu dem Selbstbehalt des Unterhaltsschuldners andererseits auch noch ein Selbstbehalt des Ehegatten hinzugerechnet und dann von den Einkünften abgezogen werden, was den Elternunterhalt mindert, da die Unterhaltspflicht gegenüber dem Ehegatten dem Elternunterhalt vorgeht. Hinzugerechnet werden muss also weiter ein Selbstbehalt für den mit dem Unterhaltsschuldner in Gemeinschaft lebenden Ehegatten ohne eigene Einkünfte. Dieser Betrag wird nach der sogenannten Düsseldorfer Tabelle mit 1 200 EUR veranschlagt.

Unterhalt bei geschiedenen Ehegatten

Auch der nacheheliche Unterhalt, den der Unterhaltsschuldner seinem geschiedenen Ehegatten gewährt, ist von den Einkünften des Unterhaltsschuldners abzuziehen.

Für den Umfang des nachehelichen Unterhalts kommt es auf die ehelichen Lebensverhältnisse an.

Der Anspruch auf nachehelichen Unterhalt setzt auch grundsätzlich Bedürftigkeit des Unterhaltsberechtigten und Leistungsfähigkeit des Unterhaltsverpflichteten voraus. Mangelnde Bedürftigkeit kann den Unterhaltsanspruch ausschließen oder mindern. Ebenso kann mangelnde Leistungsfähigkeit zu einem Unterhaltsausschluss bzw. einer verminderten Zahlungspflicht führen.

Achtung: Bedürftigkeit liegt nicht vor, solange der Ehegatte über ausreichende eigene Einkünfte verfügt, mit denen er seinen Unterhalt bestreiten kann.

Die Reform des Unterhaltsrechts sieht eine Stärkung der nachehelichen Eigenverantwortung vor.

Soweit die Kinderbetreuung dem nicht entgegensteht, ist eine eigene Erwerbstätigkeit zumutbar. Dabei sind Möglichkeiten der Kinderbetreuung zu berücksichtigen. Bei zumutbarer Erwerbstätigkeit werden die Einkünfte fiktiv hinzugerechnet, die hätten erzielt werden können. Zum fiktiv hinzuzurechnenden Einkommen zählt auch das eigentlich an Fremde zu zahlende Entgelt bei der Haushaltsführung für den neuen Partner, allerdings nur, sofern eine eheähnliche Lebensgemeinschaft besteht. Ebenso bedarfsmindernd wirkt, wenn vom nicht ehelichen neuen Partner Unterhaltsleistungen in Geld oder Naturalleistungen (z. B. Einkauf der Lebensmittel etc.) empfangen werden. Bedarfsmindernd wirkt auch das mietfreie Wohnen und zwar sogar dann, wenn nicht der Leistungspflichtige die Miete bezahlt oder diesem die Wohnung gehört, sondern diese im Eigentum des Bedürftigen steht.

Den Vermögensstamm braucht der Unterhaltsberechtigte für seinen Bedarf dagegen nicht anzutasten. Schulden des Unterhaltsberechtigten erhöhen regelmäßig nicht dessen Bedürftigkeit.

Zur Leistungsfähigkeit des Unterhaltsverpflichteten rechnen Einkünfte sowie Vermögen und das, was er verdienen könnte. Unter Umständen muss der Unterhaltsverpflichtete auf den Vermögensstamm zurückgreifen, um den Unterhalt zahlen zu können.

Als Selbstbehalt verbleibt dem Unterhaltsverpflichteten gegenüber dem geschiedenen Ehegatten zumindest der notwendige Eigenbedarf, der 1 050 EUR beträgt.

Praxis-Tipp:

Leistungsmindernd wirken sich Unterhaltsverpflichtungen gegenüber Kindern, auch nicht ehelichen oder aus früherer Ehe, aus. Schulden des Unterhaltsverpflichteten vermindern regelmäßig nicht dessen Leistungsfähigkeit.

Wichtig: Grob vereinfacht ausgedrückt (eine genaue Unterhaltsberechnung muss durch den Fachmann erfolgen!) hat der unterhaltsberechtigte geschiedene Ehegatte Anspruch auf etwa 3/7 der ansetzbaren, d. h. der bereinigten Nettoeinkünfte des Unterhaltsverpflichteten.

Der voll bedürftige Ehegatte hat Anspruch auf 3/7 vom Nettoeinkommen des Unterhaltsverpflichteten, von dem zuvor noch insbesondere der Kindesunterhalt abgezogen wird.

Bei eigenen Einkünften des Unterhaltsberechtigten erhält dieser 3/7 des Unterschiedsbetrags beider Nettoeinkommen, sofern das des Unterhaltsverpflichteten auch noch nach Abzug insbesondere des Kindesunterhalts höher ist.

Beispiel:

Unterhaltsberechnung

- Der Ehemann hat monatliche Nettoeinkünfte in Höhe von 4 000 EUR und bezahlt einen mit der Ehefrau vereinbarten monatlichen Kindesunterhalt in Höhe von 500 EUR. Die Ehefrau hat keine eigenen Einkünfte.

  Die 4 000 EUR sind zunächst um den Kindesunterhalt zu bereinigen, so dass 3 500 EUR verbleiben. Hiervon erhält die Ehefrau 3/7, d. h. 1 500 EUR. Dem Ehemann verbleiben 2 000 EUR. Den Kindesunterhalt in Höhe von 500 EUR erhält derjenige, bei dem das Kind wohnt.
- Der Ehemann hat monatliche Nettoeinkünfte in Höhe von 4 000 EUR und bezahlt einen mit der Ehefrau vereinbarten monatlichen Kindesunterhalt in Höhe von 500 EUR. Die Ehefrau hat Nettoeinkünfte aus einer Halbtagstätigkeit in Höhe von 1 000 EUR.

  Die 4 000 EUR sind wieder um den Kindesunterhalt zu bereinigen, so dass 3 500 EUR verbleiben. Aus den beiden Nettoeinkünften ist die Differenz zu bilden. Diese ergibt 2 500 EUR. Von der Differenz, also den 2 500 EUR erhält die Ehefrau 3/7, d. h. (2 500 : 7) x 3 = 1 071,43. Die Ehefrau verfügt damit letztlich über einen monatlichen Betrag in Höhe von 2 071,43 EUR, nämlich 1 071,43 EUR Unterhalt und 1 000 EUR eigene Einkünfte. Hinzu kommen die 500 EUR, sofern das Kind bei der Mutter wohnt, die jedoch nur für den Unterhalt des Kindes verwendet werden dürfen. Der Ehemann verfügt über monatlich 2 428,57 EUR (3 500 minus 1 071,43).

Der grundsätzlich bestehende Unterhaltsanspruch kann aus Billigkeitsgründen herabgesetzt oder zeitlich begrenzt werden, soweit die Inanspruchnahme des Unterhaltsverpflichteten auch unter Wahrung der Belange eines gemeinschaftlichen Kindes unbillig wäre.

Der Unterhalt kann bei grober Unbilligkeit beschränkt oder versagt werden.

Wichtig: Eine grobe Unbilligkeit liegt vor, wenn:

- die Ehe von kurzer Dauer war, wobei der Kinderbetreuungsunterhalt vorgeht
- der Berechtigte in einer verfestigten Lebensgemeinschaft lebt
- der Unterhaltsberechtigte sich eines Verbrechens oder eines schweren vorsätzlichen Vergehens gegen den Unterhaltsverpflichteten oder einen nahen Angehörigen des Unterhaltsverpflichteten schuldig gemacht hat (z. B. schwere Körperverletzung, Falschaussage im Unterhaltsprozess)
- der Unterhaltsberechtigte seine Bedürftigkeit mutwillig herbeigeführt hat (z. B. Ausschlagung einer angebotenen Verdienstmöglichkeit, Selbstverstümmelung, Verringerung der Anstellungschancen wegen Wohnungswechsels aufs Land)
- der Unterhaltsberechtigte sich über schwerwiegende Vermögensinteressen des Unterhaltsverpflichteten mutwillig hinweggesetzt hat (z. B. Denunziationen gegenüber Geschäftspartnern, wissentlich falsche oder leichtfertige Strafanzeigen)
- der Unterhaltsberechtigte vor der Trennung längere Zeit hindurch seine Pflicht, zum Familienunterhalt beizutragen, gröblich verletzt hat (z. B. gröbliche Vernachlässigung der Haushaltsführung oder Sorge für die Kinder für längere Zeit)
- dem Unterhaltsberechtigten ein offensichtlich schwerwiegendes, eindeutig bei ihm liegendes Fehlverhalten gegen den Verpflichteten zur Last fällt (z. B. Trennung aus einer reinen Laune heraus, ohne äußeren Anlass, um beispielsweise „frei sein zu können" oder während noch bestehender Ehe Aufnahme eines

eheähnlichen Verhältnisses zu einem Dritten, es sei denn, der andere hat sich seinerseits von den ehelichen Bindungen losgesagt)

- ein anderer Grund vorliegt, der ebenso schwer wiegt wie die eben aufgeführten Gründe (z. B. Prostitution, Zuhälterei und Unterhaltsneurose).

Unterhaltsumfang nach Abzug des Selbstbehalts

Auch bedeutsam ist die Frage, inwieweit das über den Selbstbehalt (und gegebenenfalls nach Abzug des Kindesunterhalts sowie des Ehegattenunterhalts) hinausgehende Einkommen an den unterhaltsberechtigten Elternteil auszukehren ist.

Muss z. B. Sohn S bei Nettoeinkünften in Höhe von 3 000 EUR abzüglich des Selbstbehalts in Höhe von 1 500 EUR, nun 1 500 EUR, also die komplette Differenz an den Unterhaltsberechtigten Vater V ausbezahlen oder von dem Restbetrag in Höhe von 1 500 EUR nur einen Teil?

Viele Sozialämter setzen regelmäßig nur die Hälfte des über den Selbstbehalt hinausgehenden Teils der Einkünfte an. Danach wären von den Einkünften des Sohnes S in Höhe von 3 000 EUR abzüglich des Selbstbehalts in Höhe von 1 500 EUR an den Vater V die Hälfte des Restbetrags in Höhe von 1 500 EUR, d. h. 750 EUR auszubezahlen, so dass dem Sohn S der Selbstbehalt in Höhe von 1 500 EUR zuzüglich der anderen, nicht verbrauchten Hälfte des überschießenden Teils in Höhe von 750 EUR, d. h. 2 250 EUR verbleiben.

In diese Richtung, nämlich Ansatz der Hälfte des über den Selbstbehalt hinausgehenden Teils der Einkünfte, hat unlängst der BGH geurteilt. Auch die Düsseldorfer Tabelle sieht diese Hälfteregelung vor.

Nicht abzugsfähige Schulden

Nicht abgezogen werden können übliche Verbraucherkredite für PKW, Wohnungseinrichtung, Urlaub etc. Würde man auch diese den Elternunterhalt mindernd berücksichtigen, müssten die Kinder am wenigsten Unterhalt bezahlen, die am ehesten durch übermäßige Verbraucherkredite über ihre Verhältnisse leben.

Dies gilt jedoch nur eingeschränkt und nur für solche Verbindlichkeiten, die der Unterhaltsschuldner in Kenntnis oder Vorhersehbarkeit seiner Unterhaltsschulden eingegangen ist.

Regelmäßig soll die bisherige Lebensstellung des Kindes beibehalten werden.

Abzugsfähige Schulden

Andere Schulden dagegen, die bereits aufgenommen wurden, z. B. Aufnahme eines Kredits für den Hausbau, fünf Jahre bevor unerwartet der Vater pflegebedürftig wird, d. h. bevor die Unterhaltspflicht eintrat bzw. erkennbar war, können den Anspruch auf Elternunterhalt mindern.

Abzugsfähige Altersversicherung

Nach dem BGH ist einem Unterhaltspflichtigen bei der Inanspruchnahme auf Elternunterhalt grundsätzlich zuzubilligen, etwa 5 % seines Bruttoeinkommens für eine – über die primäre Altersversicherung hinaus betriebene – zusätzliche Altersvorsorge einzusetzen.

Verwertung von Vermögen des Unterhaltsschuldners

Wenn nun der Bedarf des Unterhaltsberechtigten aufgrund eines Aufenthalts in einem Pflegeheim besonders hoch ist, z. B. 3 000 EUR monatlich und/oder die monatlichen Einkünfte des Unterhaltspflichtigen zu niedrig sind, z. B. bei dem Mindest-

Selbstbehalt in Höhe von 1 500 EUR liegen, der Unterhaltsschuldner jedoch Vermögen hat, stellt sich die Frage, inwieweit dieses Vermögen zu verwerten ist.

Der Grundsatz geht dahin, dass Vermögen zu verwerten ist, sofern die Einkünfte des Unterhaltsschuldners entsprechend niedrig und der Lebensbedarf des Unterhaltsberechtigten entsprechend hoch ist.

Achtung: Die Verwertung des Vermögens ist dann nicht mehr zumutbar, wenn die Verwertung des Vermögensstammes unwirtschaftlich ist bzw. unter Berücksichtigung der wirtschaftlichen Verhältnisse beider Parteien unbillig wäre. Aber selbst wenn die Heranziehung des Vermögensstammes der Billigkeit entspricht, wird in der Regel ein sogenannter „Notgroschen" bzw. ein sogenanntes „Schonvermögen" belassen. Teilweise werden auch nur 50 % des Vermögensstammes zur Verwertung angesetzt.

So musste Sohn S in einem von der Rechtsprechung entschiedenen Fall z. B. für den Unterhalt seines im Altenheim lebenden Vaters V seine Lebensversicherung bis auf einen Freibetrag in Höhe von 10 000 EUR verwenden.

Berechnung der Höhe des Elternunterhalts mit Sozialhilferegress

Sohn S ist verheiratet mit Ehefrau E und hat Nettoeinkünfte in Höhe von monatlich 4 200 EUR. Ehefrau E ist nicht erwerbstätig und betreut die beiden Kinder im Alter von zehn und 14 Jahren.

Vater V wohnt in einem Alten- und Pflegeheim, welches Kosten verursacht, die von der Pflegeversicherung nicht vollständig getragen werden. Vater V wollte sein Sohn S nicht mit den übrigen Kosten, welche das Alten- und Pflegeheim verursacht, belasten und hatte sich an das Sozialamt gewandt, das die Kosten des Alten- und Pflegeheims bezahlt, die von der Pflegeversicherung nicht übernommen werden, diese Kosten jedoch im Wege des Regresses vom Sohn S erstattet verlangt.

Lösung

Einkünfte des Sohnes S	4 200 EUR
./. Unterhalt nach Düsseldorfer Tabelle für eigenes Kind 1	525 EUR
./. Unterhalt nach Düsseldorfer Tabelle für eigenes Kind 2	614 EUR
./. Selbstbehalt für Sohn S	1 500 EUR
./. Selbstbehalt für Ehefrau E	1 200 EUR
einzusetzendes Einkommen Sohn S	361 EUR
hiervon 50% = Elternunterhalt für Vater V	180,50 EUR

Praxis-Tipp:

Die Sozialämter und die überwiegende Rechtsprechung setzen zwar regelmäßig nur die Hälfte des über den Selbstbehalt hinausgehenden Teils der Einkünfte an. Im Einzelfall kann es jedoch zu einer anderen Berechnungsmethode mit zum Teil deutlich abweichendem Ergebnis kommen.

Checkliste: Berechnung des Elternunterhalts

- Wie hoch sind die Einkünfte des Unterhaltsschuldners?
- Angemessener Unterhalt: Gesamter Lebensbedarf
- Abzug des Kindesunterhalts: Kann nach der sogenannten Düsseldorfer Tabelle erfolgen, danach:

  Kind von 0–5 Jahren: 317 EUR bis 508 EUR

  Kind von 6–11 Jahren: 364 EUR bis 583 EUR

  Kind von 12–17 Jahren: 426 EUR bis 682 EUR

  Kind ab 18 Jahre: 488 EUR bis 781 EUR

noch: Checkliste: Berechnung des Elternunterhalts

- Abzug Selbstbehalt des Unterhaltsschuldners: 1 500 EUR
- Abzug Selbstbehalt des Ehegatten: 1 200 EUR
- Unterhaltsumfang nach Abzug des Selbstbehalts: Das Sozialamt setzt u. U. nur die Hälfte des über den Selbstbehalt hinausgehenden Teils der Einkünfte an.
- Nicht abzugsfähige Schulden: Übliche Verbraucherkredite für PKW, Wohnungseinrichtung, Urlaub etc.
- Abzugsfähige Schulden: z. B. Aufnahme eines Kredits für den Hausbau fünf Jahre, bevor unerwartet der Vater pflegebedürftig wird, zusätzliche Altersvorsorge.
- Verwertung von Vermögen des Unterhaltsschuldners: Der Grundsatz geht dahin, dass Vermögen zu verwerten ist, sofern die Einkünfte des Unterhaltsschuldners entsprechend niedrig und der Lebensbedarf des Unterhaltsberechtigten entsprechend hoch ist, allerdings nicht mehr zumutbar, wenn die Verwertung des Vermögensstammes unwirtschaftlich bzw. unbillig ist.

Rangordnung der Unterhaltspflichtigen und der Bedürftigen

7

Reihenfolge der Unterhaltspflichtigen

Da im Einzelfall mehrere Unterhaltspflichtige in Betracht kommen könnten, besteht nach dem Gesetz eine bestimmte Reihenfolge bei Vorhandensein mehrerer Unterhaltspflichtiger.

Abkömmlinge vor den Verwandten der aufsteigenden Linie

Danach sind zunächst die Abkömmlinge vor den Verwandten der aufsteigenden Linie unterhaltspflichtig (§ 1606 BGB).

Beispiel:

Die 80-jährige Großmutter G streitet sich mit der 55-jährigen Mutter M darüber, ob die 30-jährige Tochter T oder die 80-jährige Großmutter G der unterhaltsbedürftigen Mutter M vorrangig unterhaltspflichtig ist.

Nach dem Gesetz wäre die Tochter T gegenüber der Mutter M im Verhältnis zur Großmutter G vorrangig unterhaltspflichtig.

7

Haftung der näheren vor den entfernteren Verwandten

Unter den Abkömmlingen und unter den Verwandten der aufsteigendenen Linie haften die näheren vor den entfernteren (§ 1606 Abs. 2 BGB).

Beispiel:

Die 80-jährige Großmutter G und die 55-jährige Mutter M sowie die 30-jährige Enkelin T streiten sich darüber, ob Mutter M oder Enkelin T der Großmutter G gegenüber unterhaltspflichtig ist.

Nach der Reihenfolge des Gesetzgebers wäre vorliegend grundsätzlich die Mutter M im Verhältnis zu der Enkelin T gegenüber der Großmutter G vorrangig unterhaltspflichtig.

Haftung gleich naher Verwandter

Mehrere gleich nahe Verwandte haften anteilig nach ihren Erwerbs- und Vermögensverhältnissen (§ 1606 Abs. 3 Satz 1 BGB). Danach haften mehrere Kinder für den Unterhalt ihrer Eltern nach deren Erwerbs- und Vermögensverhältnissen.

Beispiel:

Vater V ist unterhaltsbedürftig und hat Sohn S mit mittlerem Einkommen und Tochter T mit hohem Einkommen. Vorliegend müssen sowohl Sohn S als auch Tochter T Unterhalt leisten, wobei auf die besser verdienende Tochter T die höheren Unterhaltsbeiträge entfallen.

Ersatzhaftung nachrangig Unterhaltspflichtiger

Soweit ein Verwandter mangels Leistungsfähigkeit nicht unterhaltspflichtig ist, hat der nach ihm haftende Verwandte den Unterhalt zu gewähren (§ 1607 Abs. 1 BGB).

Das Gleiche gilt, wenn die Rechtsverfolgung gegen einen Verwandten im Inland ausgeschlossen oder erheblich erschwert ist (§ 1607 Abs. 2 Satz 1 BGB).

Wenn ein unterhaltspflichtiger Verwandter ausfällt, tritt an dessen Stelle der nächste, entsprechend der Reihenfolge.

Es handelt sich hierbei um die Ersatzhaftung des nachrangigen Unterhaltspflichtigen für den Ausfall des vorrangig Unterhaltspflichtigen.

Vorrangige Haftung des Ehegatten

Der Ehegatte des Bedürftigen haftet vor dessen Verwandten.

Soweit jedoch der Ehegatte bei Berücksichtigung seiner sonstigen Verpflichtungen außerstande ist, ohne Gefährdung seines angemessenen Unterhalts den Unterhalt zu gewähren, haften die Verwandten vor dem Ehegatten (§ 1608 Satz 1 und Satz 2 BGB).

Demnach haften Ehegatten grundsätzlich vorrangig vor den Verwandten, allerdings nur, sofern ein Ehegatte leistungsfähig ist.

Reihenfolge mehrerer Bedürftiger

Sind mehrere Bedürftige vorhanden und ist der Unterhaltspflichtige außerstande, allen Unterhalt zu gewähren, stellt sich die Frage, wer den Vorrang genießt.

Vorrang der Kinder

Bei mehreren Bedürftigen gehen die minderjährigen unverheirateten Kinder den anderen Kindern, die Kinder den übrigen Abkömmlingen, die Abkömmlinge den Verwandten der aufsteigenden Linie, unter den Verwandten der aufsteigenden Linie die näheren den entfernteren vor (§ 1609 BGB).

Vorrang des Ehegatten

Bis zur Unterhaltsrechtsreform 2008 stand der Ehegatte mit den minderjährigen unverheirateten Kindern gleich und ging anderen Kindern und den übrigen Verwandten vor.

Die Unterhaltsrechtsreform stärkte das Kindeswohl durch Änderung der Rangfolge dahingehend, dass der Gleichrang des Ehegatten mit den Kindern abgeschafft wurde. Der Vorrang des Ehegatten vor den Eltern blieb jedoch erhalten.

Vorrang nur bei tatsächlicher Geltendmachung des Unterhaltsanspruchs

Wenn sich der Unterhaltsschuldner auf das Vorhandensein mehrerer Unterhaltsberechtigter berufen möchte, kann er dies nur, wenn und soweit die Unterhaltsberechtigten gegen den Unterhaltsschuldner auch tatsächlich ihre Ansprüche geltend machen.

Mehrere Bedürftige auf gleichem Rang

Sind mehrere Bedürftige auf gleichem Rang vorhanden, werden die vorhandenen Einkünfte des Unterhaltspflichtigen geteilt. Dabei muss dem Unterhaltspflichtigen der sogenannte Selbstbehalt verbleiben.

Checkliste
Reihenfolge der Unterhaltspflichtigen/Bedürftigen

Reihenfolge der Unterhaltspflichtigen

- Abkömmlinge haften vor den Verwandten der aufsteigenden Linie
- Nähere Verwandte haften vor den entfernteren Verwandten
- Anteilige Haftung gleich naher Verwandter
- Ersatzhaftung nachrangig Unterhaltspflichtiger bei Ausfall eines vorrangig Unterhaltspflichtigen
- Vorrangige Haftung des Ehegatten

Reihenfolge der Bedürftigen

- Vorrang der Kinder
- Vorrang des Ehegatten vor den Eltern
- Vorrang nur bei tatsächlicher Geltendmachung des Unterhaltsanspruchs
- Bei mehreren Bedürftigen auf gleichem Rang werden die vorhandenen Einkünfte des Unterhaltspflichtigen geteilt

Unterhaltsverzicht, Erlöschen des Unterhaltsanspruchs

Unterhalt für die Vergangenheit

Rückwirkend, d. h. für die Vergangenheit kann Unterhalt im eigentlichen Sinne grundsätzlich nicht verlangt werden.

Wenn der Unterhaltsberechtigte den Unterhaltsschuldner jedoch in Verzug setzt, indem er den Unterhaltsschuldner unmissverständlich zur Unterhaltszahlung unter Fristsetzung auffordert oder diesen gar verklagt, kann der Unterhaltsberechtigte ab Verzug des Unterhaltsschuldners bzw. ab Rechtshängigkeit der Klage Schadensersatz wegen nicht erfüllter Unterhaltsverpflichtung verlangen (§ 1613 Abs. 1 BGB).

Dieser Schadensersatzanspruch entspricht seiner Höhe nach regelmäßig mindestens dem Unterhaltsanspruch.

Des Weiteren kann der Unterhaltsberechtigte vom Unterhaltsschuldner Unterhalt für die Vergangenheit auch insoweit verlangen, als dies für einen Sonderbedarf, d. h. für einen außergewöhnlich hohen Bedarf erforderlich ist.

Ein solcher Anspruch kann allerdings nach Ablauf eines Jahres seit seiner Entstehung nur geltend gemacht werden, wenn vorher der Unterhaltsschuldner in Verzug gekommen oder verklagt worden ist (§ 1613 Abs. 2 BGB).

Unterhaltsverzicht

Vor allem Eltern wären leicht dazu verleitet, auf sämtliche Unterhaltsansprüche für die Zukunft zu verzichten, um ihren Kindern später keinesfalls zur Last zu fallen.

Achtung: Unter Verwandten ist ein Unterhaltsverzicht für die Zukunft jedoch unzulässig (§ 1614 Abs. 1 BGB). Auch ist der teilweise Unterhaltsverzicht unzulässig.

Praxis-Tipp:

- Zulässig sind Unterhaltsvereinbarungen zwischen Unterhaltsschuldner und Unterhaltsberechtigtem, allerdings nur, soweit diese sich innerhalb des gesetzlich belassenen Spielraums der Angemessenheit halten.
- Wird dieser Spielraum überschritten, liegt ein unzulässiger Unterhaltsverzicht vor. Ein Unterhaltsverzicht ist – da unzulässig – unwirksam.

Vorausleistung

Eine Vorausleistung befreit den Unterhaltsschuldner bei erneuter Bedürftigkeit des Unterhaltsberechtigten nur für in der Regel drei Monate bzw. für einen nach den Umständen angemessenen Zeitabschnitt (§ 1614 Abs. 2 BGB).

Der Unterhaltsschuldner läuft daher bei einer Vorauszahlung Gefahr, dass er bei erneuter Bedürftigkeit des Unterhaltsberechtigten für einen gewissen Zeitabschnitt zweimal bezahlt.

Erlöschen des Unterhaltsanspruchs

Die Unterhaltspflicht erlischt grundsätzlich erst mit dem Tod des Unterhaltsberechtigten oder mit dem Tod des Unterhaltsverpflichteten. Die zum Zeitpunkt des Todes des Unterhaltsberechtigten oder des Unterhaltsverpflichteten bereits fälligen Unterhaltsansprüche bleiben bestehen.

Gleiches gilt für Unterhaltsansprüche für die Vergangenheit bzw. entsprechende Schadensersatzansprüche (§ 1615 Abs. 1 BGB). Diese werden von dem Erben des Unterhaltsberechtigten bzw. gegen den Erben des Unterhaltsschuldners geltend gemacht.

Praxis-Tipp:

Wenn der Unterhaltsberechtigte verstirbt, hat der Unterhaltsschuldner die Kosten der Beerdigung des Unterhaltsberechtigten zu bezahlen, soweit deren Bezahlung von den Erben nicht erlangt werden kann (§ 1615 Abs. 2 BGB).

Sozialhilferegress

Sozialhilferegress bei den erwachsenen Kindern

Leere Kassen der Gemeinden

Aufgrund stets anwachsender Zahlen von Sozialhilfeempfängern und permanent leerer werdender Kassen der öffentlichen Hand, sind die Sozialämter darauf angewiesen, bei anderen Personen Regress zu nehmen – dort, wo dies möglich ist. In erster Linie trifft es dabei die Ehegatten, auch den geschiedenen Ehegatten, allerdings eben zunehmend die Kinder.

Sozialhilferechtlicher Nachranggrundsatz

Aber nicht nur aufgrund der finanziellen Gegebenheiten, sondern auch nach dem Gesetz, nämlich § 2 Nr. 1 SGB XII, gilt im Sozialhilferecht der sogenannte Nachranggrundsatz. Dies bedeutet, dass das Sozialamt erst dann die Kosten zu tragen hat, wenn kein anderer Leistungspflichtiger, wie z. B. ein Unterhaltsschuldner, zur Zahlung gezwungen werden kann. Zwar tritt das Sozialamt in einer finanziellen Notlage regelmäßig rasch ein, um Hilfe zum Lebensunterhalt zu gewähren. Das Sozialamt wird aber versuchen, die Beträge, welche das Sozialamt im Rahmen dieser Soforthilfe zur Verfügung stellt, von anderen im Wege des Regresses zurückzuholen, da die Sozialhilfe eben nur nachrangig gewährt wird.

Möglicher Sozialhilferegress

Der Sozialhilferegress stützt sich zum einen auf § 94 SGB XII, wonach Unterhaltspflichtige durch das Sozialamt in Anspruch genommen werden können, zum anderen auf die allgemeine Überleitungsvorschrift von Ansprüchen gemäß § 93 SGB XII.

Diese beiden Möglichkeiten zur Durchsetzung des Nachranggrundsatzes kommen in der Praxis am häufigsten vor. Dem Sozialamt stehen jedoch noch weitere Möglichkeiten zur Verfügung:

- Der Sozialhilfeempfänger wird auf bestehende Ansprüche verwiesen (§§ 2, 36 SGB XII)
- Die Sozialhilfeleistungen werden gekürzt (§§ 26, 39 SGB XII)
- Übergang von Ansprüchen (§ 93 SGB XII)
- Überleitung von Unterhaltsansprüchen (§ 94 SGB XII)
- Selbstständige Erbenhaftung (§ 102 SGB XII)
- Kostenersatz bei verschuldetem Verhalten (§ 103 SGB XII)

Auch diese Auflistung ist nicht abschließend. Daneben gibt es noch weitere Möglichkeiten der Rückforderung, insbesondere nach allgemeinem Sozialverwaltungsrecht.

Übergang von Ansprüchen

Hat ein Sozialhilfeempfänger gegen einen Dritten einen Anspruch, kann der Träger der Sozialhilfe durch schriftliche Anzeige an den anderen bewirken, dass dieser Anspruch bis zur Höhe seiner Aufwendungen auf den Träger der Sozialhilfe übergeht (§ 93 SGB XII).

Der Träger der Sozialhilfe kann den Übergang dieses Anspruchs auch wegen seiner Aufwendungen für diejenige Hilfe zum Lebensunterhalt bewirken, die er gleichzeitig mit der Hilfe für den Sozialhilfeempfänger, dessen nicht getrennt lebenden Ehegatten und dessen minderjährigen unverheirateten Kindern gewährt. Ansprüche des Sozialhilfeempfängers gegen Dritte können demnach auch insoweit übergehen, als das Sozialamt Ehegatten und minderjährigen Kindern des Sozialhilfeempfängers Sozialhilfe gewährt hat.

Übergang von Ansprüchen gegen einen nach bürgerlichem Recht Unterhaltspflichtigen

Wenn der Sozialhilfeempfänger für die Zeit, für die Sozialhilfe gewährt wird, nach bürgerlichem Recht einen Unterhaltsanspruch hat, geht dieser bis zur Höhe der geleisteten Sozialhilfe auf den Träger der Sozialhilfe über (§ 94 SGB XII).

Hier kann sich die Grundsicherung im Alter und bei Erwerbsminderung auswirken (vgl. hierzu Kapitel 10).

Ausschluss des Anspruchs bei laufenden Unerhaltszahlungen

Der Übergang des Anspruchs ist ausgeschlossen, soweit der Unterhaltsanspruch durch laufende Zahlungen erfüllt wird.

Ausschluss des Anspruchs bei eigener Sozialhilfebedürftigkeit

Der Übergang des Anspruchs ist auch dann ausgeschlossen, wenn der Unterhaltspflichtige selbst sozialhilfebedürftig ist.

Kein Regress wegen Sozialhilfeleistungen an Großeltern

Der Übergang des Anspruchs ist weiter ausgeschlossen, wenn der Unterhaltspflichtige mit dem Sozialhilfeempfänger im zweiten oder in einem entfernteren Grade verwandt ist. Letzteres bedeutet, dass Unterhaltsansprüche z. B. von Großeltern gegen Enkel nicht auf den Träger der Sozialhilfe übergehen. Mit anderen Worten: Wenn die Großmutter Sozialhilfe beansprucht, hat der Sozialhilfeträger nicht das Recht, bei der Enkelin Regress zu nehmen.

Gleiches gilt für Unterhaltsansprüche gegen Verwandte ersten Grades einer Sozialhilfeempfängerin, die schwanger ist oder ihr leibliches Kind bis zur Vollendung seines sechsten Lebensjahres betreut.

Kein Regress bei unbilliger Härte

Der Übergang des Anspruchs gegen einen nach bürgerlichem Recht Unterhaltspflichtigen ist letztlich ausgeschlossen, wenn dies eine unbillige Härte bedeuten würde. Eine unbillige Härte liegt in der Regel bei unterhaltspflichtigen Eltern vor, soweit einem Behinderten, einem von einer Behinderung Bedrohten oder einem Pflegebedürftigen nach Vollendung des 21. Lebensjahres Eingliederungshilfe für Behinderte oder Hilfe zur Pflege gewährt wird.

Rückwirkung grundsätzlich nur bei schriftlicher Mitteilung durch das Sozialamt

Der Übergang des Unterhaltsanspruchs wirkt außer unter den Voraussetzungen des Bürgerlichen Gesetzbuchs auf den Beginn der Sozialhilfe nur dann zurück, wenn dem Unterhaltspflichtigen der Bedarf unverzüglich nach Kenntnis des Trägers der Sozialhilfe schriftlich mitgeteilt wurde.

Klage und Rechtsweg

Leistet der Unterhaltsschuldner nicht freiwillig, muss der Träger der Sozialhilfe klagen.

Wenn die Hilfe voraussichtlich auf längere Zeit gewährt werden muss, kann der Träger der Sozialhilfe bis zur Höhe der bisherigen monatlichen Aufwendungen auch auf künftige Leistungen klagen.

Wichtig: Gerichtlich zuständig sind nicht die Verwaltungsgerichte, sondern die Zivilgerichte.

Sozialhilferegress bei Zuwendungen unter Lebenden

Rückgriff auf Grundstücke

Oftmals werden zwischen Eltern und Kindern oder zwischen älteren Personen und begünstigten Dritten, meist jüngeren Personen, Grundstücke in der Weise bzw. mit der Absicht übertragen, das Erbe vorwegzunehmen, z. B. um den Fiskus zu übergehen oder Pflichtteilsberechtigte auszuschließen.

Gleichfalls kann, ohne dass dies zwingend beabsichtigt sein muss, eine solche Grundstücksübertragung im Wege der Schenkung den Schenker im Sinne des Sozialhilferechts bedürftig machen.

Der Träger der Sozialhilfe kann dann ein Interesse daran haben, solche Rechtsgeschäfte, in welchen Grundstücke im Wege der Schenkung übertragen wurden und der Schenker dadurch bedürftig wurde, rückgängig zu machen, um dadurch auf das ursprünglich verschenkte Vermögen des Sozialhilfebedürftigen Rückgriff zu nehmen.

Für einen Rückgriff kommen in Betracht die Nichtigkeit des Rechtsgeschäfts wegen Sittenwidrigkeit nach § 138 BGB oder der Widerruf der Schenkung gemäß § 528 BGB. Über § 138 BGB bzw. § 528 BGB wird die Wirksamkeit des Schenkungsvertrags beseitigt.

Wann Sittenwidrigkeit bei der lebzeitigen Schenkung vorliegt

§ 138 BGB stellt eine sogenannte Gerneralklausel dar. Diese ist ausfüllungsbedürftig. Mit anderen Worten bedarf die Frage danach, wann ein Verstoß gegen „die guten Sitten" vorliegt, einer näheren Definition.

Von einem sittenwidrigen Rechtsgeschäft spricht man, wenn gegen grundlegende Prinzipien unserer Rechtsordnung verstoßen wird.

Einer der Grundpfeiler unserer Rechtsordnung ist unter anderem das Sozialstaatsprinzip, aber andererseits auch die Privatautonomie des Einzelnen.

Das Sozialstaatsprinzip besagt, stark vereinfacht ausgedrückt, dass die soziale Gemeinschaft sich auch um das Wohl des Einzelnen zu kümmern hat, wenn dieser dazu selbst nicht mehr in der Lage ist.

Der Grundsatz der Privatautonomie besagt unter anderem, dass jedermann über seine Vermögensgegenstände Verträge nach seinem Willen schließen kann.

Das Sozialstaatsprinzip ist jedoch in der Ausformung des Subsidiaritätsprinzips, d. h. des Nachranggrundsatzes anwendbar. Die Solidargemeinschaft hat nur dann für das Schicksal des Einzelnen einzustehen, wenn nicht einer in dessen näherer Umgebung dazu in der Lage ist, das Schicksal mit zu tragen.

Wichtig: Ein Rechtsgeschäft und damit eine hier in Frage stehende Schenkung ist sittenwidrig, wenn diese gegen grundlegende Prinzipien unserer Rechtsordnung verstößt. Wird das Sozialstaatsprinzip zur Bereicherung anderer ausgenutzt oder, anders ausgedrückt, der Nachranggrundsatz schlicht übergangen, wird in der Regel eine Sittenwidrigkeit der Schenkung vorliegen. Konkret bedeutet das, dass eine Schenkung wegen Sittenwidrigkeit als nichtig zu betrachten ist, wenn Schenker und Beschenkter in der Weise zusammenwirken, dass die Schenkung eine Bedürftigkeit des Schenkers herbeiführt, dass eine Unterstützungsbedürftigkeit zulasten des Sozialhilfeträgers herbeigeführt wird und sich Schenker und Beschenkter dessen bewusst waren, wenngleich es nicht auf eine Benachteiligungsabsicht des Sozialhilfeträgers ankommen muss.

Beispiel:

Hugo Meier besitzt in bester Innenstadtlage Kölns ein Grundstück. Damit sein Sohn Siegfried Meier, der Taugenichts, von seinem Vermögen später, wenn er einmal stirbt, nichts erhält, überträgt Hugo Meier das Grundstück schenkweise auf seine Lebensgefährtin Katharina Berger. Darauf, dass der einst reiche Hugo Meier dadurch sozialhilfebedürftig werden könnte, kommt es Hugo Meier und Katharina Berger zwar nicht an. Sie sind der Ansicht, dass es nicht schaden könne, wenn Hugo Meier, nachdem er sein Leben lang ein Vermögen an Steuern bezahlt hatte, wenigstens etwas über die Sozialhilfe zurückbekommt. Deshalb soll Katharina Berger auch gleich sämtliche Mieteinnahmen einstreichen, während Hugo Meier nicht einmal Einkünfte aus dem Grundstück verbleiben.

> Diese Schenkung ist sittenwidrig, da sie in Kenntnis und dem Bewusstsein der Benachteiligung des Sozialhilfeträgers erfolgte, obwohl eigentliches Ziel der Schenkung die Benachteiligung des leiblichen Sohnes Siegfried Meier war.

Im Einzelnen ist die Frage, wann noch nicht von einer Sittenwidrigkeit auszugehen ist bzw. wann diese bejaht werden muss, äußerst umstritten und kann nur von einem Fachmann beantwortet werden, welcher allerdings selbst Schwierigkeiten haben wird, eine klare Grenze zu ziehen, wann ein Rechtsgeschäft den guten Sitten noch entspricht bzw. wann es wegen Sittenwidrigkeit nichtig ist.

Klar ist allerdings, dass eine sogenannte „Nachrangvereinbarung" stets sittenwidrig ist, wenn der Nachranggrundsatz ausdrücklich umgangen werden soll.

Widerruf einer Schenkung

Der Anspruch aus § 528 BGB dient dazu, den Notbedarf eines verarmten Schenkers zu decken bzw. der Personen, die gegen den Schenker einen Unterhaltsanspruch haben können. Wenn nun der Träger der Sozialhilfe diesen Notbedarf deckt, geht der Rückforderungsanspruch auf den Träger der Sozialhilfe über. Dies erfolgt über die Überleitungsvorschrift des § 93 SGB XII.

§ 528 BGB besagt, dass, soweit ein Schenker nach der Vollziehung der Schenkung nicht mehr in der Lage ist, seinen angemessenen eigenen Unterhalt zu bestreiten und die ihm gegenüber seinen Verwandten, seinem Ehegatten oder seinem früheren Ehegatten gesetzlich auferlegte Unterhaltspflicht zu erfüllen, er von dem Beschenkten die Herausgabe des Geschenks fordern kann, und zwar nach den Vorschriften des Bürgerlichen Gesetzbuches über die Herausgabe einer ungerechtfertigten Bereicherung.

Der Beschenkte kann allerdings die Herausgabe durch Bezahlung des für den Unterhalt erforderlichen Betrags abwenden. Wenn beispielsweise ein Grundstück verschenkt wurde und der Schenker bzw. der Träger der Sozialhilfe nunmehr die Herausgabe des

Grundstücks wegen Notbedarfs verlangt, kann der Beschenkte, anstatt das Grundstück herauszugeben, ihm Unterhalt bezahlen.

Gemäß § 529 BGB ist der Anspruch auf Herausgabe des Geschenks ausgeschlossen, wenn der Schenker seine Bedürftigkeit vorsätzlich herbeigeführt hat oder wenn zurzeit des Eintritts seiner Bedürftigkeit seit der Leistung des geschenkten Gegenstands zehn Jahre verstrichen sind.

Achtung: Hat nicht die Schenkung letztlich die Bedürftigkeit ausgelöst, sondern hat der Schenker seine Bedürftigkeit nach der Schenkung vorsätzlich oder grob fahrlässig herbeigeführt, greift der Anspruch auf Rückforderung des Notbedarfs gemäß § 528 BGB nicht ein.

Der Träger der Sozialhilfe kann beim Beschenkten auch dann keinen Rückgriff mehr nehmen, wenn die Schenkung bereits zehn Jahre zurückliegt.

Der Anspruch auf Herausgabe des Geschenks ist ferner ausgeschlossen, soweit der Beschenkte bei der Berücksichtigung seiner sonstigen Verpflichtungen außerstande ist, das Geschenk herauszugeben, ohne dass sein standesgemäßer Unterhalt oder die Erfüllung der ihm kraft Gesetzes obliegenden Unterhaltspflichten gefährdet wird (§ 529 Abs. 2 BGB).

Beansprucht werden kann nach dem Wortlaut des § 528 BGB nur das, was der Schenker zur Deckung seines Notbedarfs benötigt.

Damit ist jedoch nicht nur das Lebensnotwendige gemeint, d. h. nicht nur das, was man zum Überleben benötigt, sondern der angemessene Unterhalt, also das, was man zum Leben angemessen benötigt. Vom Rückgriffsanspruch nicht umfasst ist jedoch dasjenige, was für den angemessenen Unterhalt nicht benötigt wird. Der Beschenkte muss somit nur einen Teil des Geschenks herausgeben, soweit der herauszugebende Teil für einen angemessenen Unterhalt ausreicht. Wenn das Geschenk nicht teilbar ist, was z. B. bei einem Grundstück der Fall ist, muss der Beschenkte Wertersatz in Geld leisten.

Herauszugeben ist auch nicht der Unterhaltsbedarf für die Zukunft, d. h. es wird nicht der Unterhalt für die Restlebenserwartung hochgerechnet und sodann eine größere Summe geltend gemacht, sondern vielmehr muss der Beschenkte monatlich Beträge leisten.

Der Beschenkte kann jedoch auch den geschenkten Gegenstand zurückgeben.

Praxis-Tipp:

Im Kern hat der Beschenkte ein Wahlrecht, indem er entweder wählt, laufend Unterhalt zu leisten und das Geschenk zu behalten, oder das Geschenk herauszugeben.

Die Gefahr in der Variante, dass er sich für den Unterhalt entscheidet, liegt darin, dass es davon kein Zurück mehr gibt, auch für den Fall, dass der Wert des Geschenks bereits aufgebraucht ist und die Unterhaltspflicht weiter besteht.

Wenn allerdings das Geschenk real teilbar ist, ist nur der teilbare Teil herauszugeben, der zum angemessenen Unterhalt erforderlich ist.

Ist das Geschenk nicht teilbar, besteht von vornherein nur ein Anspruch auf Wertersatz.

Zwar erlaubt das sozialhilferechtliche „Schonvermögen" einen Rückgriff nur insoweit, als der Schenker den geschenkten Gegenstand für seinen täglichen Lebensunterhalt hätte verwenden müssen. Danach würde man grundsätzlich auf ein Grundstück keinen Rückgriff nehmen können, da ein Grundstück u. U. unter das sogenannte „Schonvermögen" fällt, was nicht zu verwerten ist, wenn man Sozialhilfe erhält.

Wurde das Grundstück jedoch verschenkt, handelt es sich bei dem Wertersatzanspruch aus § 528 BGB um einen dem Rückgriff unterliegenden Anspruch und nicht um das Grundstück. Der

Wertersatzanspruch unterliegt somit anders als u. U. das Grundstück nicht dem sogenannten sozialhilferechtlichen „Schonvermögen".

Rückgriff auf eventuell vereinbarte Gegenleistungen

Oftmals erfolgt z. B. zwischen Eltern und Kindern bezüglich des Familiengrundstücks keine reine Schenkung, sondern eine Verfügung, verbunden beispielsweise mit der Gegenleistung, monatlich einen gewissen Rentenbetrag/Unterhaltsbetrag an die Eltern zu Lebzeiten als Gegenleistung zu bezahlen.

Oftmals wird auch ein Wohnrecht eingeräumt, damit die Eltern im Falle eines Falles aus dem Familienheim nicht vertrieben werden können. Beliebt ist ferner die Vereinbarung einer Pflegeverpflichtung.

Bei all diesen Gegenleistungen stellt sich die Frage, ob und inwieweit bzw. in welcher Art das Sozialamt Rückgriff nehmen kann.

Sofern als Gegenleistung Rentenverpflichtungen bzw. Unterhaltszahlungen vereinbart sind, wird in aller Regel bereits die Sozialbedürftigkeit entfallen, so dass es auf einen Rückgriff nicht ankommen wird. Sollte jedoch eine Renten- oder Unterhaltsverpflichtung im Verborgenen geblieben sein und das Sozialamt deswegen, eine Bedürftigkeit zunächst angenommen, geleistet haben, kann es für die bereits gezahlten Leistungen beim Schuldner der Rente bzw. des Unterhalts Rückgriff nehmen.

Wichtig: Generell gilt, dass bei vereinbarten Gegenleistungen in Geld der Rückgriff auf diese Geldleistungen unproblematisch ist, sofern das Sozialamt eingetreten ist, da bei einer Verpflichtung in Geld als Gegenleistung regelmäßig die Bedürftigkeit entfallen wird.

Ein Regress des Trägers der Sozialhilfe auf ein dem Bedürftigen eingeräumtes dingliches Wohnrecht ist problematisch. Ein dingliches Wohnrecht ist nämlich grundsätzlich ein subjektiv-persönliches Recht und damit weder übertragbar noch belastbar, sondern höchstpersönlich. Der Träger der Sozialhilfe könnte mit einem solchen Wohnrecht nichts anfangen, da dieses grundsätzlich kein anderer als derjenige, dem das Wohnrecht eingeräumt wurde, ausüben kann. Ein Rückgriff auf das dingliche Wohnrecht wird nur möglich sein, wenn die Ausübung des Wohnrechts ausnahmsweise so vereinbart ist, dass auch eine Übertragung an Dritte möglich sein soll oder wenn – was auch möglich sein kann – aufgrund landesrechtlicher Bestimmungen über den sogenannten „Leibgedingsvertrag" eine Umwandlung in Geldansprüche eingetreten ist.

Ebenso problematisch ist der Rückgriff auf eine Pflegeverpflichtung. Gleiches gilt für ähnliche Naturalleistungen, welche oftmals mit einer Pflegeverpflichtung verbunden sind, aber auch isoliert vereinbart sein können, wie z. B. Verpflegung und Bezahlung der Hauskosten wie Strom, Telefon etc.

Eine unveränderte Überleitung dieser Ansprüche wird dem Träger der Sozialhilfe nichts bringen, ebenso wenig wie dem Träger der Sozialhilfe die Überleitung eines höchstpersönlichen Wohnrechts etwas bringen wird.

Achtung: In der sozialhilferechtlichen Praxis wird das Problem des Rückgriffs auf solche, mit der Person des Bedürftigen stark verbundenen Leistungen, welche deswegen für einen Dritten und damit den Träger der Sozialhilfe nichts bringen, dadurch umgangen, dass sich diese Ansprüche, die sich im Ergebnis auf Dienst- und Sachleistungen richten, automatisch in Geldansprüche umwandeln.

Sozialhilferegress auf erbrechtliche Ansprüche sowie Rechte

Erben bedeutet Gesamtrechtsnachfolge, d. h., dass mit dem Tode einer Person (Erblasser), dem Erbfall, deren Vermögen, die Erbschaft, als Ganzes auf eine oder mehrere Personen, die Erben, übergeht. Erbe kann man werden kraft Gesetzes oder durch Verfügung von Todes wegen, d. h. Testament.

Gesetzliche Erbfolge

Grundsätzlich ist der überlebende Ehegatte des Erblassers erbberechtigt. Neben den Kindern ist er jedoch nach der gesetzlichen Erbfolge nur zu einem Viertel erbberechtigt und neben den Eltern bzw. den Geschwistern des Erblassers oder den Großeltern zur Hälfte.

Bei der Zugewinngemeinschaft erhöht sich aber durch den Zugewinnausgleich die Erbschaft um ein weiteres Viertel. Es kommt dabei nicht darauf an, ob im Einzelfall ein Zugewinn erzielt wurde.

Anders ist es, wenn der Ehegatte von der Erbfolge testamentarisch ausgeschlossen wurde und auch kein Vermächtnis erhält. In diesem Fall erfolgt der normale Zugewinnausgleich, mit der Folge, dass kein Anspruch besteht, wenn der verstorbene Ehegatte keinen Zugewinn erzielt hat.

Bei Gütertrennung verbleibt es, wenn drei oder mehr Kinder vorhanden sind, nach der gesetzlichen Erbfolge bei einem Viertel der Erbschaft. Ist nur ein Kind vorhanden, erhält der Ehegatte die Hälfte und bei zwei Kindern ein Drittel.

Nicht eheliche Lebenspartner sind untereinander in keiner Weise gesetzlich erbberechtigt. Es sei denn, sie wären zugleich mit ihrem nicht ehelichen Lebenspartner verwandt.

Anders ist es dagegen mit den gemeinsamen Kindern. Die Kinder einer nicht ehelichen Lebensgemeinschaft sind jeweils dem leiblichen Vater und der leiblichen Mutter gegenüber voll gesetzlich erbberechtigt, ebenso wie die Eltern nach den Kindern erbberechtigt sind. Aber nur die leiblichen Kinder sind gesetzliche Erben. Die von dem einen Partner in die Lebensgemeinschaft mitgebrachten Kinder können daher von dem anderen von Gesetzes wegen nicht erben.

Pflichtteilsansprüche

Wenn ein Kind des Erblassers durch Verfügung von Todes wegen von der Erbfolge ausgeschlossen ist, kann das Kind von dem Erben den Pflichtteil verlangen.

Der Pflichtteil umfasst die Hälfte des Erbteils nach der gesetzlichen Erbfolge.

Den Pflichtteil erhalten auch der Ehegatte und die Eltern des Erblassers, sofern diese mangels Kinder des Erblassers gesetzliche Erben wären.

Testamentarische Regelungen

Per Testament kann man den Erben frei bestimmen. Ebenso kann man durch Testament einen Verwandten oder den Ehegatten von der gesetzlichen Erbfolge ausschließen. Der Pflichtteilsanspruch bleibt allerdings bestehen.

Ein Testament kann nur persönlich errichtet werden. Man kann die darin enthaltene Verfügung nicht in der Weise treffen, dass ein anderer zu bestimmen hat, ob diese gelten oder nicht gelten soll, bzw. wie diese gelten soll.

Praxis-Tipp:

- Das Testament kann man entweder zur Niederschrift eines Notars oder eigenhändig errichten.
- Bei der eigenhändigen Errichtung des Testaments muss man unbedingt darauf achten, dass dieses eigenhändig geschrieben und unterschrieben ist.

Das bedeutet, dass man den gesamten Wortlaut des Testaments eigenhändig niederschreibt. Unzulässig ist, das Testament z. B. auf einer Schreibmaschine oder dem Computer zu verfassen und dann lediglich zu unterschreiben oder den Text gar nur auf Kassette zu diktieren. Man muss den Text eigenhändig mit dem individuellen Schriftzug schreiben. Das Schreibmaterial, ob Tinte, Kugelschreiber oder Bleistift, spielt dagegen keine Rolle, wobei natürlich fälschungssichere Tinte oder Kugelschreiber einem Bleistift vorzuziehen ist.

Die Unterschrift soll den Vornamen und den Familiennamen des Erblassers tragen und den gesamten Text abschließen, d. h. das Letzte sein, was auf dem Blatt steht.

Im Text ist anzugeben, zu welcher Zeit, also Tag, Monat und Jahr, und an welchem Ort es niedergeschrieben wurde.

Nicht notwendigerweise muss das Testament in deutscher Sprache abgefasst sein. Um später Auslegungsschwierigkeiten durch das deutsche Nachlassgericht zu vermeiden, sollte jedoch möglichst in Deutsch testiert werden.

Vermächtnisse und Auflagen

Wenn man eine Person nicht als Erbe einsetzen, ihr aber dennoch etwas zukommen lassen will, kann man dieser durch Testament auch einen Vermögensvorteil mittels Vermächtnisses zuwenden. Ferner kann man seinem letzten Willen durch eine Auflage Nachdruck verleihen.

Erbvertrag

Neben einem Testament besteht auch die Möglichkeit, jemanden durch notariellen Erbvertrag zu bedenken.

Praxis-Tipp:

Zur Tragung der Kosten einer standesgemäßen Beerdigung des Verstorbenen ist grundsätzlich dessen Erbe verpflichtet, soweit der Verstorbene durch letztwillige Verfügung nicht etwas anderes angeordnet hat.

Sozialhilferegress und das Erbe

Selbstständige Haftung des Erben

Zum Nachteil des Erben eines Sozialhilfebedürftigen wurde eine selbstständige Haftung nach § 102 SGB XII eingeführt.

Nach § 90 SGB XII gibt es ein sogenanntes „Schonvermögen". Dieses Schonvermögen wird bei der Gewährung von Sozialhilfe nicht herangezogen. So wird z. B. gemäß § 90 Abs. 1 Nr. 8 SGB XII ein angemessenes Hausgrundstück des Sozialhilfebedürftigen nicht angerechnet, d. h. dies muss nicht verwertet werden, obwohl Sozialhilfe geleistet wird. Das Schonvermögen dient dem Schutz des Sozialhilfebedürftigen bzw. dem Interesse daran, dass der Sozialhilfebedürftige wieder ordnungsgemäß in die Gemeinschaft eingegliedert werden kann und irgendwann künftig ohne Sozialhilfe mit seinem Leben zurechtkommt. Stirbt der Hilfsbedürftige, gibt es keinen Grund mehr für dieses „Schonvermögen" nach § 90 SGB XII, da der Erbe grundsätzlich nicht entsprechend schutzbedürftig ist.

Ersatz für in der Vergangenheit an den Erblasser gezahlte Sozialhilfe

§ 102 SGB XII geht neben der Verwertung des sogenannten „Schonvermögens" insoweit einen Schritt weiter, indem von dem sozialhilferechtlichen Grundsatz abgewichen wird, dass die Sozialhilfe grundsätzlich nicht zurückzuzahlen ist. Denn § 102 SGB XII sieht einen Ersatz für die in der Vergangenheit geleistete Sozialhilfe an den Verstorbenen zulasten des Erben vor.

Im Einzelnen regelt § 102 SGB XII, dass der Erbe des Sozialhilfeempfängers oder seines Ehegatten, falls dieser vor dem Sozialhilfeempfänger stirbt, zum Ersatz der Kosten der Sozialhilfe verpflichtet ist.

Ausnahmen von der Ersatzpflicht

Die Ersatzpflicht für die Kosten der Sozialhilfe besteht allerdings nur innerhalb eines Zeitraums von zehn Jahren vor dem Erbfall, d. h. für Kosten der Sozialhilfe, die bis zu einem Zeitraum von maximal zehn Jahren vor dem Erbfall geleistet wurden.

Die Ersatzpflicht besteht des Weiteren nur für die Kosten der Sozialhilfe, die das Dreifache des Grundbetrags übersteigen.

Die Ersatzpflicht des Erben des Ehegatten besteht nicht für die Kosten der Sozialhilfe, die während des Getrenntlebens der Ehegatten gewährt worden ist.

Ist der Sozialhilfeempfänger der Erbe seines Ehegatten, ist er zum Ersatz der Kosten nicht verpflichtet.

Der Träger der Sozialhilfe kann den Anspruch auf Kostenersatz nicht geltend machen:

- wenn der Wert des Nachlasses unter dem Dreifachen des Grundbetrags liegt
- soweit der Wert des Nachlasses unter dem Betrag von 15 340 EUR liegt, wenn der Erbe der Ehegatte des Sozialhilfeempfängers oder mit diesem verwandt ist und nicht nur vorübergehend bis zum Tode des Sozialhilfeempfängers mit diesem in häuslicher Gemeinschaft gelebt und ihn gepflegt hat
- soweit die Inanspruchnahme des Erben nach der Besonderheit des Einzelfalles eine besondere Härte darstellen würde

Ersatzpflicht als Nachlassverbindlichkeit

Die Ersatzpflicht des Erben gehört zu den Nachlassverbindlichkeiten. Der Erbe haftet dafür nur mit dem Wert des im Zeitpunkt des Erbfalls vorhandenen Nachlasses. Der Erbe haftet somit für die Kosten der Sozialhilfe nicht zusätzlich mit seinem eigenen Vermögen.

Verjährung

Der Anspruch des Trägers der Sozialhilfe auf Kostenersatz verjährt in drei Jahren nach dem Tode des Sozialhilfeempfängers oder seines Ehegatten.

Erstattungspflicht des Vorerben

Zu den Erstattungspflichtigen gehören nicht nur der Erbe, sondern auch der Vorerbe, unabhängig davon, ob dieser befreit ist oder nicht.

Erstattungspflicht bei Lebensversicherung

Hat der Sozialhilfeempfänger eine Lebensversicherung abgeschlossen und darin eine Person als Bezugsberechtigten benannt, gilt dieser Bezugsberechtigte nicht als Erbe, weshalb der Bezugsberechtigte einer Lebensversicherung grundsätzlich nicht im Sinne des § 102 SGB XII haftet.

Wurde allerdings kein besonderer Bezugsberechtigter benannt, fällt die Bezugsberechtigung in den Nachlass. Als Bezugsberechtigter gilt dann der normale Erbe, mit der Folge, dass auch die Lebensversicherung im Sinne des § 102 SGB XII berücksichtigt wird.

Sozialhilferegress vermeiden: Gestaltungsmöglichkeiten

Vermeidung der Überleitung von Unterhaltsansprüchen auf den Träger der Sozialhilfe

Kein Unterhaltsverzicht für die Zukunft

Bei der Frage, ob eine Gestaltungsmöglichkeit gewählt werden kann, womit die Überleitung von Unterhaltsansprüchen der Eltern auf den Träger der Sozialhilfe ausgeschlossen werden könnte, wird man zunächst daran denken, dass die Eltern gegenüber dem Kind einfach auf deren Unterhaltsansprüche verzichten. Ein solcher Verzicht wäre jedoch unzulässig, denn für die Zukunft kann auf Verwandtenunterhalt nicht verzichtet werden (§ 1614 Abs. 1 BGB).

Freistellung von der Unterhaltsverpflichtung durch Dritte

Oftmals wird bei Vorhandensein mehrerer Kinder z. B. das Familienheim nur auf eines der Kinder übertragen, damit dieses beibehalten werden kann und nicht verkauft werden muss, um den Erlös zu verteilen. Durch die Übertragung des Familienheims auf eines von mehreren Kindern werden die Eltern u. U. bedürftig im Sinne der Sozialhilfe.

Bei der Übertragung des Familienheims auf eines der Kinder werden die anderen Kinder meist durch andere Vermögenszuwendungen begünstigt oder dadurch, dass z. B. ein Vermögensausgleich unter den Geschwistern dergestalt erfolgt, dass das Kind, welches das Familienheim erhält, an die anderen Kinder eine gewisse Geldsumme bezahlen muss, diese also gewissermaßen auszubezahlen hat. Werden die Eltern später bedürftig, entstehen Unterhaltsansprüche gegen sämtliche Kinder. Tritt das Sozialamt ein, wird es zwar grundsätzlich hinsichtlich des geschenkten Familieneigenheims Regress nehmen. Dies ist allerdings nicht mehr möglich, wenn seit der Schenkung zehn Jahre verstrichen sind. Es kann dann sein, dass z. B. von zwei Kindern, von denen eines das Familienheim erworben hat und dem anderen gar nichts oder nur wenig ausbezahlen musste, beide Kinder unterhaltspflichtig sind und das andere Kind, welches das Familienheim nicht erworben hat, genauso Unterhalt bezahlen muss wie das Kind, welches das Familienheim erworben hat. Dies kann unbillig erscheinen, vor allem dann, wenn das Kind, welches das Familienheim nicht erworben hat, seinerzeit keinen anderen Ausgleich erhalten haben sollte.

Diese Benachteiligung des Kindes, welches das Familieneigenheim nicht geschenkt bekommen hat, kann entweder dadurch ausgeschlossen werden, dass dieses Kind entsprechend umfangreich andere Zuwendungen erhält. Dessen Unterhaltspflicht gegenüber den Eltern kann allerdings insoweit „eingeschränkt ausgeschlossen“ werden, dass zwischen den Geschwistern eine Freistellungsvereinbarung getroffen wird. Danach vereinbaren die Geschwister untereinander, dass nur ein Kind zum Unterhalt verpflichtet sein soll und für den Fall, dass das andere Kind von den Eltern oder von dem Träger der Sozialhilfe in Anspruch genommen wird, das zur Freistellung verpflichtete Kind für das andere Kind entsprechend den Unterhalt bezahlt.

Dies ist nur deswegen ein „eingeschränkter Ausschluss“ des Unterhalts, da die Eltern bzw. der Träger der Sozialhilfe auf das andere Kind nach wie vor zukommen und von diesem Unterhalt verlangen können und dieses sich in Höhe des Unterhalts bei seinem Geschwisterteil nur schadlos halten kann. Diese Möglichkeit des „eingeschränkten Unterhaltsausschlusses“ durch Freistellung hat vor allem dann einen Haken, wenn das Geschwisterteil, das zur Freistellung verpflichtet ist, zum Zeitpunkt, zu dem das andere Kind auf Unterhalt in Anspruch genommen wird, mittellos geworden ist. Dann ist die Freistellung nichts mehr wert, da die Unterhaltsbeträge, die von den Eltern bzw. vom Träger der Sozialhilfe bei dem anderen Kind angefordert werden, im Wege der Freistellung bei dem Geschwisterteil faktisch nicht durchgesetzt werden können.

Gestaltungsmöglichkeiten: Sittenwidrigkeit des Grundstücksgeschäfts

Die Frage der Sittenwidrigkeit beruht stets auf einer Interessenabwägung und unterliegt damit einer subjektiven Wertung. Es lässt sich daher keinesfalls pauschal vorhersehen, wann z. B. ein über den Fall zu entscheidendes Gericht eine Sittenwidrigkeit bejaht bzw. verneint. Zur Vermeidung einer sittenwidrigen Vertragsgestaltung können daher nur grobe Anhaltspunkte gegeben werden.

Keine Sittenwidrigkeit per se

Zunächst muss – wie selbstverständlich – darauf geachtet werden, dass mit der Vertragsgestaltung nicht gegen die „guten Sitten" verstoßen wird.

Keine „wörtliche" Sittenwidrigkeit, d. h. keine „Nachrangvereinbarung"

Zu vermeiden ist eine klare, d. h. teilweise wörtliche Sittenwidrigkeit dergestalt, dass in der Urkunde z. B. nicht die Rede davon sein darf, dass „der Träger der Sozialhilfe umgangen werden soll" oder dass der „Nachranggrundsatz" umgangen werden soll bzw. mit dieser Urkunde eine „Vermögensverschiebung" bezweckt ist. Solche sogenannten „Nachrangvereinbarungen" sind stets sittenwidrig.

Kein kausaler oder finaler Zusammenhang mit der Sozialhilfebedürftigkeit

Des Weiteren ist – auch wenn ein wörtlicher Zusammenhang mit der Sozialhilfebedürftigkeit sich nicht zwingend aus der Urkunde ergibt – jeder kausale oder finale Zusammenhang mit einer etwaigen Sozialhilfebedürftigkeit zu vermeiden. Denn fehlt es neben einem wörtlichen Zusammenhang auch sonst an jedem kausalen oder finalen Zusammenhang mit einer eventuellen Sozialhilfebedürftigkeit, wird allein aus der Tatsache, dass eine Vermögensübertragung durch vorweggenommene Erbfolge vorliegt, keine Sittenwidrigkeit zu bejahen sein. Jede noch so „sittlich neutrale" Formulierung der Vertragsurkunde würde allerdings über eine Sittenwidrigkeit dann nicht hinweghelfen, wenn der Schenkende während der Schenkung bereits Sozialhilfe bezieht.

Es darf den Vertragsschließenden weder bewusst noch grob fahrlässig verborgen sein, dass sich mit der Schenkung die Möglichkeit für eine Sozialhilfebedürftigkeit ergibt bzw. erhöht wird.

Gestaltungsmöglichkeiten: Notbedarf des Beschenkten

Erlassvertrag ist sittenwidrig

Zunächst könnte man daran denken, zwischen Schenker und Beschenktem den Rückforderungsanspruch wegen Notbedarfs des Schenkers nach § 528 BGB einfach auszuschließen, einfach darauf zu verzichten. Dies würde einen Erlassvertrag im Sinne des § 397 BGB darstellen. Ein solcher wäre nach § 138 Abs. 1 BGB aber regelmäßig nichtig.

Abtretung des Rückforderungsanspruchs

Weiter ist an eine Abtretung des Rückforderungsanspruchs zu denken. Diese erscheint zulässig, wenn der Notbedarf des bedürftigen Schenkers durch einen anderen als den Beschenkten gedeckt wird. Insoweit kann dies vor allem Bedeutung erlangen, wenn Geschwister des Beschenkten für den Schenker umfangreich Unterhaltsleistungen erbringen.

Die Abtretung wird allerdings nur so weit wirksam sein, als der Notbedarf des Schenkers tatsächlich durch den Dritten gedeckt wurde. Soweit der Notbedarf nicht gedeckt ist, wird nach wie vor der Sozialhilferegress im Sinne des § 93 SGB XII greifen.

Deckung des Notbedarfs durch den Beschenkten

Eine weitere Möglichkeit ist, dass der Beschenkte den Notbedarf des Schenkers selbst deckt. Dies wird vor allem dann interessant, wenn die Deckung des Notbedarfs nicht durch Geldleistungen erfolgt, sondern durch Naturalleistungen wie Pflege und Verpflegung des Schenkers.

Vermeidung einer Schenkung

Ein Sozialhilferegress nach §§ 528 BGB, § 93 SGB XII entfällt auch dann, wenn in der Übertragung des Vermögenswerts auf den Erwerber gar keine Schenkung zu sehen ist. Wann von einer Schenkung gesprochen wird, ist in § 516 BGB geregelt. Danach ist die Schenkung eine Zuwendung, durch die jemand aus seinem Vermögen einen anderen bereichert, wenn beide Teile darüber einig sind, dass die Zuwendung unentgeltlich erfolgt.

Nun führt nicht jede noch so geringe Gegenleistung dazu, dass die Übertragung nicht mehr unentgeltlich erfolgt, was eine Schenkung im Sinne des § 516 BGB und damit den § 528 BGB ausschließen würde. Eine Rückforderung nach § 528 BGB kommt jedoch insbesondere dann nicht mehr in Betracht, wenn die Gegenleistung den Notbedarf im Sinne des § 528 BGB gerade verhindern soll. Dies ist insbesondere dann der Fall, wenn z. B. als Gegenleistung ein Wohnrecht bzw. eine Pflegeverpflichtung vereinbart wird.

Die Schenkung kann auch für bereits erbrachte Dienste sein, oder anders formuliert, können bereits erbrachte Dienste Gegenleistungen für die Schenkung sein. Hinter solchen Geschäften wird allerdings stets die Vermutung einer Umgehung lauern. Eine Umgehung wird allerdings nicht unterstellt werden können, wenn

z. B. vor der Schenkung für die Dauer von vielen Jahren Pflegeleistungen erbracht wurden, gerade in Erwartung auf eine künftige Schenkung, z. B. des Hauses des Bedürftigen. Dieser Bereich ist jedoch besonders kritisch zu betrachten.

Ausschluss des § 528 BGB durch reinen Zeitablauf

Weiter ist § 528 BGB durch reinen Zeitablauf ausgeschlossen. Gemäß § 529 Abs. 1 BGB ist der Anspruch auf Herausgabe des Geschenks ausgeschlossen, wenn zur Zeit des Eintritts der Bedürftigkeit des Schenkers seit der Leistung des geschenkten Gegenstands zehn Jahre verstrichen sind.

Ausschluss bei Pflicht- und Anstandsschenkungen

Schließlich ist der Rückforderungsanspruch nach § 528 BGB bei Pflicht- und Anstandsschenkungen nicht gegeben. Gemäß § 534 BGB unterliegen Schenkungen, durch die einer sittlichen Pflicht oder einer auf den Anstand zu nehmenden Rücksicht entsprochen wird, nicht der Rückforderung im Sinne des § 528 BGB.

Gestaltungsmöglichkeiten: Versorgungsleistungen als Gegenleistungen für die Übertragung eines Grundstücks

§ 93 SGB XII ist zwingendes Recht und kann nicht ausgeschlossen werden, weshalb die Überleitung von Versorgungsrechten nach § 93 SGB XII gleichfalls nicht ausgeschlossen werden kann.

Angesetzt werden kann jedoch bei der Ausgestaltung der Versorgungsleistungen, dass diese so vereinbart werden, dass sie nicht überleitbar sind. Dabei muss allerdings streng darauf geachtet werden, dass die Vereinbarung nicht sittenwidrig ist.

Wird z. B. ein dingliches, höchstpersönliches Wohnrecht für den Bedürftigen vereinbart, kann dies aufgrund seiner Höchst-Persönlichkeit nicht übergeleitet werden auf den Träger der Sozialhilfe, ebenso wenig wie eine solche Vereinbarung für sich betrachtet regelmäßig nicht sittenwidrig ist.

Gestaltungsmöglichkeiten: Erbrechtliche Ansprüche

Zur Vermeidung des Sozialhilferegresses im Erbrecht besonders geeignet ist das sogenannte „Behindertentestament". Dabei wird ein behindertes Kind zumindest in Höhe eines Erbteils eingesetzt, der etwas über dem gesetzlichen Pflichtteil liegt, und zwar zum nicht befreiten Vorerben. Dies führt dazu, dass das ererbte Vermögen von dem Kind nicht verwertet werden darf und damit auch nicht dem Sozialhilferegress unterliegt. Des Weiteren wird hinsichtlich des Erbteils des behinderten Kindes eine Testamentsvollstreckung bis zu dessen Tode angeordnet. Die Testamentsvollstreckung dient dazu, dass trotz der Behinderung des Kindes der Nachlass verwaltet werden kann. Nacherben sind dann die anderen Kinder oder Geschwister.

Grundsicherung im Alter und bei Erwerbsminderung

Wer Anspruch auf Grundsicherung hat

Zusammen mit der Reform des Altersvermögensgesetzes ist das Gesetz über eine bedarfsorientierte Grundsicherung im Alter und bei Erwerbsminderung (kurz: Grundsicherung, GSiG) am 01.01.2003 in Kraft getreten. Dieses Gesetz findet sich seit 01.01.2005 nahezu wortgleich in den §§ 41 bis 46 SGB XII wieder.

Einen Antrag auf Grundsicherung können nur Personen stellen, die:

- das 65. Lebensjahr vollendet haben
- das 18. Lebensjahr vollendet haben und erwerbsgemindert im Sinne des § 43 Abs. 2 SGB IV sind, soweit es unwahrscheinlich ist, dass die volle Erwerbsminderung behoben werden kann

Einen Antrag auf Grundsicherung können auch Ausländer stellen, die auf Dauer rechtmäßig in Deutschland leben.

Die Leistungen, die durch die Grundsicherung erbracht werden, sind früher durch die Sozialhilfe bezahlt worden.

Seit 01.01.2003 gibt es (bei der Stadt) neben den Trägern der Sozialhilfe und den Rententrägern Grundsicherungsämter.

Die Träger der Grundsicherung sind die Kreise bzw. die kreisfreien Städte. Zuständig ist die Stadt, in welcher der Antragsteller seinen gewöhnlichen Aufenthalt hat.

Grundsicherungsregress nur bei reichen Kindern

Entscheidend für den Elternunterhalt sind bei der Grundsicherung die Einkommensfreigrenzen der Kinder der Antragsteller.

Danach werden die Kinder vom Staat nicht herangezogen, wenn sie ein Einkommen unter 100 000 EUR im Sinne des § 16 SGB IV haben (§ 43 Abs. 2 SGB XII), wobei die Einkommensfreigrenze für jedes Kind gesondert gilt. Wenn also beide Kinder beispielsweise Einkünfte in Höhe von jeweils 60 000 EUR haben, haben sie zwar zusammen Einkünfte in Höhe von 120 000 EUR, werden vom Staat aber nicht herangezogen, da das jeweilige Kind mit 60 000 EUR unter der Freigrenze von 100 000 EUR liegt.

Grundsätzlich wird vermutet, dass die Kinder diesen Freibetrag nicht überschreiten. Im Einzelfall wird dies jedoch nur unter Vorlage aller notwendigen Unterlagen des Kindes zu beurteilen sein. Der Auskunftsanspruch des Grundsicherungsamtes umfasst das Auskunftsrecht des Sozialamtes gemäß § 117 Abs. 3 SGB XII.

Auf das Vermögen des Kindes kommt es im Rahmen der Grundsicherung nicht mehr an. Vermögen kann das Kind so viel haben, wie es will. Das Vermögen wird nicht angetastet. Eine Ausnahme gilt jedoch insoweit, als aus dem Vermögen Einkünfte erzielt werden. Sollten die Vermögenseinkünfte mit oder ohne Erwerbseinkünfte den Betrag in Höhe von 100 000 EUR nicht mehr unterschreiten, wird das Vermögen doch noch relevant, allerdings nur soweit es die Einkünfte aus dem Vermögen anbelangt.

Was kann die Grundsicherung im Alter und bei Erwerbsminderung?

Mit Einführung der Grundsicherung ist zwar das Problem des Elternunterhalts in Teilbereichen leicht entschärft, aber bei weitem nicht beseitigt. Die Einführung der Grundsicherung und die öffentlichen Diskussionen hierzu dürfen keinesfalls zu dem Trugschluss führen, der Elternunterhalt sei abgeschafft. Ganz im Gegenteil besteht der Elternunterhalt aus dem Bürgerlichen Gesetzbuch nach wie vor in vollem Umfang. Lediglich Kinder von Eltern, die grundsicherungsberechtigt sind, können ein wenig aufatmen, sich jedoch keinesfalls freuen, dass sie ihr Problem des Elternunterhalts los wären.

Dabei ist die erste Gruppe der Problemfälle die harmloseste, nämlich das Kind, das über 100 000 EUR jährlich verdient. Dieses wird nach wie vor auch im Falle der Grundsicherung voll zur Kasse gebeten. Bei Einkünften über 100 000 EUR wird die Bezahlung von Elternunterhalt regelmäßig keine unzumutbare Belastung darstellen.

Auch die zweite Gruppe dürfte eher die Ausnahme bilden. Wenn nämlich Personen in den letzten zehn Jahren vor Antragstellung ihre Bedürftigkeit vorsätzlich oder grob fahrlässig herbeigeführt haben, steht ihnen kein Anspruch auf Grundsicherung zu.

Anders sieht es in den in der Praxis zahlreichen Fällen aus, in welchen der Vater oder die Mutter beispielsweise erst 49, 55 oder 59 Jahre alt (d. h. noch nicht 65 Jahre alt) und auch nicht erwerbsunfähig ist, aber dennoch Sozialhilfe bezieht, weil er oder sie beispielsweise nach jahrzehntelanger freiberuflicher Tätigkeit jetzt arbeitslos ist und aufgrund der freiberuflichen Tätigkeit ohne Beitragszahlung kein Arbeitslosengeld und auch keine Frührente erhält. Diese Person erhält auch keine Grundsicherung, sondern Sozialhilfe, wobei nach wie vor bei den Kindern voll Regress genommen wird, d. h. insbesondere ohne die Freigrenze von 100 000 EUR.

Wichtig: Ferner werden leider auch nach wie vor die Kinder zur Kasse gebeten, deren Eltern im Pflegeheim sind, dessen Kosten nicht vollständig von der Pflegeversicherung und Rente bzw. Grundsicherung übernommen werden. Für den Rest – und das können leicht 1 000 EUR bis 1 500 EUR oder mehr sein – springen die Sozialämter bzw. die Bezirke ein und nehmen hierfür bei den Kindern voll Regress, auch wenn diese deutlich unter 100 000 EUR verdienen. Gerade Sozialhilfebedürftige bzw. Grundsicherungsbedürftige (wegen Krankheit werden viele zum Sozialfall) enden in der Praxis häufig im Pflegeheim.

Das Problem Elternunterhalt besteht somit nach wie vor akut und dabei sind die vorangegangenen Fälle keine abschließende Aufzählung, sondern nur beispielhaft.

Schließlich bleibt auch das beschenkte oder im Wege vorweggenommener Erbfolge begünstigte Kind vom Sozialhilferegress im Falle der Grundsicherung nicht verschont.

Auch die Reform der sozialen Pflegeversicherung bringt den vom Elternunterhalt betroffenen Kindern nur in Ausnahmefällen eine wirklich spürbare Entlastung (z. B. durch die Ausweitung des Leistungskatalogs auf Demenzkranke).

Höhe der Grundsicherung

Von der Grundsicherung werden folgende Leistungen bezahlt:

- Maßgeblicher Regelsatz der Sozialhilfe
- Angemessene, tatsächliche Unterkunftskosten sowie Heizkosten (Mietobergrenzen/sozialhilferechtlich angemessene Unterkunftskosten); bei stationärer Unterbringung durchschnittliche Warmmiete eines Einpersonenhaushaltes im Zuständigkeitsbereich des Trägers
- Kranken- und Pflegeversicherungsbeiträge
- Mehrbedarf 17 % (§ 30 SGB XII) des maßgeblichen Regelsatzes bei Vorlage eines Schwerbehindertenausweises mit dem Merkzeichen G (§ 69 Abs. 5 SGB IX)
- Einmalige Bedarfe (z. B. Erstausstattung einer Wohnung nach Wohnungsbrand)
- Hilfe zum Lebensunterhalt in Sonderfällen (Hauptanwendung: Mietschulden)

Wichtig: Über Streitigkeiten im Rahmen der Grundsicherung entscheiden die Verwaltungsgerichte.

Gesetze, die Sie kennen sollten

Bürgerliches Gesetzbuch (BGB) – Auszug[1]

§ 138 Sittenwidriges Rechtsgeschäft; Wucher

(1) Ein Rechtsgeschäft, das gegen die guten Sitten verstößt, ist nichtig.

(2) Nichtig ist insbesondere ein Rechtsgeschäft, durch das jemand unter Ausbeutung der Zwangslage, der Unerfahrenheit, des Mangels an Urteilsvermögen oder der erheblichen Willensschwäche eines anderen sich oder einem Dritten für eine Leistung Vermögensvorteile versprechen oder gewähren lässt, die in einem auffälligen Missverhältnis zu der Leistung stehen.

§ 397 Erlassvertrag, negatives Schuldanerkenntnis

(1) Das Schuldverhältnis erlischt, wenn der Gläubiger dem Schuldner durch Vertrag die Schuld erlässt.

(2) Das Gleiche gilt, wenn der Gläubiger durch Vertrag mit dem Schuldner anerkennt, dass das Schuldverhältnis nicht bestehe.

§ 516 Begriff der Schenkung

(1) Eine Zuwendung, durch die jemand aus seinem Vermögen einen anderen bereichert, ist Schenkung, wenn beide Teile darüber einig sind, dass die Zuwendung unentgeltlich erfolgt.

(2) Ist die Zuwendung ohne den Willen des anderen erfolgt, so kann ihn der Zuwendende unter Bestimmung einer angemessenen Frist zur Erklärung über die Annahme auffordern. Nach dem Ablaufe der Frist gilt die Schenkung als angenommen, wenn nicht der andere sie vorher abgelehnt hat. Im Falle der Ablehnung kann die Herausgabe des Zugewendeten nach den Vorschriften über die Herausgabe einer ungerechtfertigten Bereicherung gefordert werden.

§ 528 Rückforderung wegen Verarmung des Schenkers

(1) Soweit der Schenker nach der Vollziehung der Schenkung außerstande ist, seinen angemessenen Unterhalt zu bestreiten und die ihm seinen Verwandten, seinem Ehegatten, seinem Lebenspartner oder seinem früheren Ehegatten oder Lebenspartner gegenüber gesetzlich obliegende Unterhalts-

---

[1)] Zuletzt geändert durch das Gesetz zur Anpassung der Vorschriften über den Wertersatz bei Widerruf von Fernabsatzverträgen und über verbundene Verträge vom 27. Juli 2011 (BGBl. I S. 1600).

pflicht zu erfüllen, kann er von dem Beschenkten die Herausgabe des Geschenkes nach den Vorschriften über die Herausgabe einer ungerechtfertigten Bereicherung fordern. Der Beschenkte kann die Herausgabe durch Zahlung des für den Unterhalt erforderlichen Betrags abwenden. Auf die Verpflichtung des Beschenkten findet die Vorschrift des § 760 sowie die für die Unterhaltspflicht der Verwandten geltende Vorschrift des § 1613 und im Falle des Todes des Schenkers auch die Vorschrift des § 1615 entsprechende Anwendung.

(2) Unter mehreren Beschenkten haftet der früher Beschenkte nur insoweit, als der später Beschenkte nicht verpflichtet ist.

§ 529 Ausschluss des Rückforderungsanspruchs

(1) Der Anspruch auf Herausgabe des Geschenkes ist ausgeschlossen, wenn der Schenker seine Bedürftigkeit vorsätzlich oder durch grobe Fahrlässigkeit herbeigeführt hat oder wenn zurzeit des Eintritts seiner Bedürftigkeit seit der Leistung des geschenkten Gegenstandes zehn Jahre verstrichen sind.

(2) Das Gleiche gilt, soweit der Beschenkte bei Berücksichtigung seiner sonstigen Verpflichtungen außerstande ist, das Geschenk herauszugeben, ohne dass sein standesmäßiger Unterhalt oder die Erfüllung der ihm kraft Gesetzes obliegenden Unterhaltspflichten gefährdet wird.

§ 534 Pflicht- und Anstandsschenkungen

Schenkungen, durch die einer sittlichen Pflicht oder einer auf den Anstand zu nehmenden Rücksicht entsprochen wird, unterliegen nicht der Rückforderung und dem Widerruf.

§ 1360 Verpflichtung zum Familienunterhalt

Die Ehegatten sind einander verpflichtet, durch ihre Arbeit und mit ihrem Vermögen die Familie angemessen zu unterhalten. Ist einem Ehegatten die Haushaltsführung überlassen, so erfüllt er seine Verpflichtung, durch Arbeit zum Unterhalt der Familie beizutragen, in der Regel durch die Führung des Haushalts.

§ 1580 Auskunftspflicht

Die geschiedenen Ehegatten sind einander verpflichtet, auf Verlangen über ihre Einkünfte und ihr Vermögen Auskunft zu erteilen. § 1605 ist entsprechend anzuwenden.

§ 1589 Verwandtschaft

Personen, deren eine von der anderen abstammt, sind in gerader Linie verwandt. Personen, die nicht in gerader Linie verwandt sind, aber von derselben dritten Person abstammen, sind in der Seitenlinie verwandt. Der Grad der Verwandtschaft bestimmt sich nach der Zahl der sie vermittelnden Geburten.

§ 1601 Unterhaltsverpflichtete

Verwandte in gerader Linie sind verpflichtet, einander Unterhalt zu gewähren.

§ 1602 Bedürftigkeit

(1) Unterhaltsberechtigt ist nur, wer außerstande ist, sich selbst zu unterhalten.

(2) Ein minderjähriges unverheiratetes Kind kann von seinen Eltern, auch wenn es Vermögen hat, die Gewährung des Unterhalts insoweit verlangen, als die Einkünfte seines Vermögens und der Ertrag seiner Arbeit zum Unterhalt nicht ausreichen.

§ 1603 Leistungsfähigkeit

(1) Unterhaltspflichtig ist nicht, wer bei Berücksichtigung seiner sonstigen Verpflichtungen außerstande ist, ohne Gefährdung seines angemessenen Unterhalts den Unterhalt zu gewähren.

(2) Befinden sich Eltern in dieser Lage, so sind sie ihren minderjährigen unverheirateten Kindern gegenüber verpflichtet, alle verfügbaren Mittel zu ihrem und der Kinder Unterhalte gleichmäßig zu verwenden. Den minderjährigen unverheirateten Kindern stehen volljährige unverheiratete Kinder bis zur Vollendung des 21. Lebensjahrs gleich, solange sie im Haushalt der Eltern oder eines Elternteils leben und sich in der allgemeinen Schulausbildung befinden. Diese Verpflichtung tritt nicht ein, wenn ein anderer unterhaltspflichtiger Verwandter vorhanden ist; sie tritt auch nicht ein gegenüber einem Kind, dessen Unterhalt aus dem Stamme seines Vermögens bestritten werden kann.

§ 1605 Auskunftspflicht

(1) Verwandte in gerader Linie sind einander verpflichtet, auf Verlangen über ihre Einkünfte und ihr Vermögen Auskunft zu erteilen, soweit dies zur Feststellung eines Unterhaltsanspruchs oder einer Unterhaltsverpflichtung erforderlich ist. Über die Höhe der Einkünfte sind auf Verlangen Belege, insbesondere Bescheinigungen des Arbeitgebers, vorzulegen. Die §§ 260, 261 sind entsprechend anzuwenden.

(2) Vor Ablauf von zwei Jahren kann Auskunft erneut nur verlangt werden, wenn glaubhaft gemacht wird, dass der zur Auskunft Verpflichtete später wesentlich höhere Einkünfte oder weiteres Vermögen erworben hat.

§ 1606 Rangverhältnisse mehrerer Pflichtiger

(1) Die Abkömmlinge sind vor den Verwandten der aufsteigenden Linie unterhaltspflichtig.

(2) Unter den Abkömmlingen und unter den Verwandten der aufsteigenden Linie haften die näheren vor den entfernteren.

(3) Mehrere gleich nahe Verwandte haften anteilig nach ihren Erwerbs- und Vermögensverhältnissen. Der Elternteil, der ein minderjähriges unverheiratetes Kind betreut, erfüllt seine Verpflichtung, zum Unterhalt des Kindes beizutragen, in der Regel durch die Pflege und die Erziehung des Kindes.

§ 1607 Ersatzhaftung und gesetzlicher Forderungsübergang

(1) Soweit ein Verwandter auf Grund des § 1603 nicht unterhaltspflichtig ist, hat der nach ihm haftende Verwandte den Unterhalt zu gewähren.

(2) Das Gleiche gilt, wenn die Rechtsverfolgung gegen einen Verwandten im Inland ausgeschlossen oder erheblich erschwert ist. Der Anspruch gegen einen solchen Verwandten geht, soweit ein anderer nach Absatz 1 verpflichteter Verwandter den Unterhalt gewährt, auf diesen über.

(3) Der Unterhaltsanspruch eines Kindes gegen einen Elternteil geht, soweit unter den Voraussetzungen des Absatzes 2 Satz 1 anstelle des Elternteils ein anderer, nicht unterhaltspflichtiger Verwandter oder der Ehegatte des anderen Elternteils Unterhalt leistet, auf diesen über. Satz 1 gilt entsprechend, wenn dem Kind ein Dritter als Vater Unterhalt gewährt.

(4) Der Übergang des Unterhaltsanspruchs kann nicht zum Nachteil des Unterhaltsberechtigten geltend gemacht werden.

§ 1608 Haftung des Ehegatten oder Lebenspartners

Der Ehegatte des Bedürftigen haftet vor dessen Verwandten. Soweit jedoch der Ehegatte bei Berücksichtigung seiner sonstigen Verpflichtungen außerstande ist, ohne Gefährdung seines angemessenen Unterhalts den Unterhalt zu gewähren, haften die Verwandten vor dem Ehegatten. § 1607 Abs. 2 und 4 gilt entsprechend. Der Lebenspartner des Bedürftigen haftet in gleicher Weise wie ein Ehegatte.

§ 1609 Rangfolge mehrerer Unterhaltsberechtigter

Sind mehrere Unterhaltsberechtigte vorhanden und ist der Unterhaltspflichtige außerstande, allen Unterhalt zu gewähren, gilt folgende Rangfolge:

1. minderjährige unverheiratete Kinder und Kinder im Sinne des § 1603 Abs. 2 Satz 2,
2. Elternteile, die wegen der Betreuung eines Kindes unterhaltsberechtigt sind oder im Fall einer Scheidung wären, sowie Ehegatten und geschiedene Ehegatten bei einer Ehe von langer Dauer; bei der Feststellung einer Ehe von langer Dauer sind auch Nachteile im Sinne des § 1578b Abs. 1 Satz 2 und 3 zu berücksichtigen,
3. Ehegatten und geschiedene Ehegatten, die nicht unter Nummer 2 fallen,
4. Kinder, die nicht unter Nummer 1 fallen,
5. Enkelkinder und weitere Abkömmlinge,
6. Eltern,
7. weitere Verwandte der aufsteigenden Linie; unter ihnen gehen die Näheren den Entfernteren vor.

§ 1610 Maß des Unterhalts

(1) Das Maß des zu gewährenden Unterhalts bestimmt sich nach der Lebensstellung des Bedürftigen (angemessener Unterhalt).

(2) Der Unterhalt umfasst den gesamten Lebensbedarf einschließlich der Kosten einer angemessenen Vorbildung zu einem Beruf, bei einer der Erziehung bedürftigen Person auch die Kosten der Erziehung.

§ 1611 Beschränkung oder Wegfall der Verpflichtung

(1) Ist der Unterhaltsberechtigte durch sein sittliches Verschulden bedürftig geworden, hat er seine eigene Unterhaltspflicht gegenüber dem Unterhaltspflichtigen gröblich vernachlässigt oder sich vorsätzlich einer schweren Verfehlung gegen den Unterhaltspflichtigen oder einen nahen Angehörigen des Unterhaltspflichtigen schuldig gemacht, so braucht der Verpflichtete nur einen Beitrag zum Unterhalt in der Höhe zu leisten, die der Billigkeit entspricht. Die Verpflichtung fällt ganz weg, wenn die Inanspruchnahme des Verpflichteten grob unbillig wäre.

(2) Die Vorschriften des Absatzes 1 sind auf die Unterhaltspflicht von Eltern gegenüber ihren minderjährigen unverheirateten Kindern nicht anzuwenden.

(3) Der Bedürftige kann wegen einer nach diesen Vorschriften eintretenden Beschränkung seines Anspruchs nicht andere Unterhaltspflichtige in Anspruch nehmen.

§ 1612 Art der Unterhaltsgewährung

(1) Der Unterhalt ist durch Entrichtung einer Geldrente zu gewähren. Der Verpflichtete kann verlangen, dass ihm die Gewährung des Unterhalts in anderer Art gestattet wird, wenn besondere Gründe es rechtfertigen.

(2) Haben Eltern einem unverheirateten Kind Unterhalt zu gewähren, können sie bestimmen, in welcher Art und für welche Zeit im Voraus der Unterhalt gewährt werden soll, sofern auf die Belange des Kindes die gebotene Rücksicht genommen wird. Ist das Kind minderjährig, kann ein Elternteil, dem die Sorge für die Person des Kindes nicht zusteht, eine Bestimmung nur für die Zeit treffen, in der das Kind in seinen Haushalt aufgenommen ist.

(3) Eine Geldrente ist monatlich im Voraus zu zahlen. Der Verpflichtete schuldet den vollen Monatsbetrag auch dann, wenn der Berechtigte im Laufe des Monats stirbt.

§ 1612a Mindestunterhalt minderjähriger Kinder

(1) Ein minderjähriges Kind kann von einem Elternteil, mit dem es nicht in einem Haushalt lebt, den Unterhalt als Prozentsatz des jeweiligen Mindestunterhalts verlangen. Der Mindestunterhalt richtet sich nach dem doppelten Freibetrag für das sächliche Existenzminimum eines Kindes (Kinderfreibetrag) nach § 32 Abs. 6 Satz 1 des Einkommensteuergesetzes. Er beträgt monatlich entsprechend dem Alter des Kindes

1. für die Zeit bis zur Vollendung des sechsten Lebensjahrs (erste Altersstufe) 87 Prozent,
2. für die Zeit vom siebten bis zur Vollendung des zwölften Lebensjahrs (zweite Altersstufe) 100 Prozent und
3. für die Zeit vom 13. Lebensjahr an (dritte Altersstufe) 117 Prozent

eines Zwölftels des doppelten Kinderfreibetrags.

(2) Der Prozentsatz ist auf eine Dezimalstelle zu begrenzen; jede weitere sich ergebende Dezimalstelle wird nicht berücksichtigt. Der sich bei der Berechnung des Unterhalts ergebende Betrag ist auf volle Euro aufzurunden.

(3) Der Unterhalt einer höheren Altersstufe ist ab dem Beginn des Monats maßgebend, in dem das Kind das betreffende Lebensjahr vollendet.

§ 1613 Unterhalt für die Vergangenheit

(1) Für die Vergangenheit kann der Berechtigte Erfüllung oder Schadensersatz wegen Nichterfüllung nur von dem Zeitpunkt an fordern, zu welchem der Verpflichtete zum Zwecke der Geltendmachung des Unterhaltsanspruchs aufgefordert worden ist, über seine Einkünfte und sein Vermögen Auskunft zu ertei-

len, zu welchem der Verpflichtete in Verzug gekommen oder der Unterhaltsanspruch rechtshängig geworden ist. Der Unterhalt wird ab dem Ersten des Monats, in den die bezeichneten Ereignisse fallen, geschuldet, wenn der Unterhaltsanspruch dem Grunde nach zu diesem Zeitpunkt bestanden hat.

(2) Der Berechtigte kann für die Vergangenheit ohne die Einschränkung des Absatzes 1 Erfüllung verlangen

1. wegen eines unregelmäßigen außergewöhnlich hohen Bedarfs (Sonderbedarf); nach Ablauf eines Jahres seit seiner Entstehung kann dieser Anspruch nur geltend gemacht werden, wenn vorher der Verpflichtete in Verzug gekommen oder der Anspruch rechtshängig geworden ist;
2. für den Zeitraum, in dem er a) aus rechtlichen Gründen oder b) aus tatsächlichen Gründen, die in den Verantwortungsbereich des Unterhaltspflichtigen fallen, an der Geltendmachung des Unterhaltsanspruchs gehindert war.

(3) In den Fällen des Absatzes 2 Nr. 2 kann Erfüllung nicht, nur in Teilbeträgen oder erst zu einem späteren Zeitpunkt verlangt werden, soweit die volle oder die sofortige Erfüllung für den Verpflichteten eine unbillige Härte bedeuten würde. Dies gilt auch, soweit ein Dritter vom Verpflichteten Ersatz verlangt, weil er anstelle des Verpflichteten Unterhalt gewährt hat.

§ 1614 Verzicht auf den Unterhaltsanspruch; Vorausleistung

(1) Für die Zukunft kann auf den Unterhalt nicht verzichtet werden.

(2) Durch eine Vorausleistung wird der Verpflichtete bei erneuter Bedürftigkeit des Berechtigten nur für den im § 760 Abs. 2 bestimmten Zeitabschnitt oder, wenn er selbst den Zeitabschnitt zu bestimmen hatte, für einen den Umständen nach angemessenen Zeitabschnitt befreit.

§ 1615 Erlöschen des Unterhaltsanspruchs

(1) Der Unterhaltsanspruch erlischt mit dem Tode des Berechtigten oder des Verpflichteten, soweit er nicht auf Erfüllung oder Schadensersatz wegen Nichterfüllung für die Vergangenheit oder auf solche im Voraus zu bewirkende Leistungen gerichtet ist, die zur Zeit des Todes des Berechtigten oder des Verpflichteten fällig sind.

(2) Im Falle des Todes des Berechtigten hat der Verpflichtete die Kosten der Beerdigung zu tragen, soweit ihre Bezahlung nicht von den Erben zu erlangen ist.

Sozialgesetzbuch – Zwölftes Buch (SGB XII) Auszug[1]

§ 41 Leistungsberechtigte

(1) Älteren und dauerhaft voll erwerbsgeminderten Personen mit gewöhnlichem Aufenthalt im Inland, die ihren notwendigen Lebensunterhalt nicht aus Einkommen und Vermögen nach den §§ 82 bis 84 und 90 bestreiten können, ist auf Antrag Grundsicherung im Alter und bei Erwerbsminderung zu leisten. § 91 ist anzuwenden.

(2) Leistungsberechtigt wegen Alters nach Absatz 1 ist, wer die Altersgrenze erreicht hat. Personen, die vor dem 1. Januar 1947 geboren sind, erreichen die Altersgrenze mit Vollendung des 65. Lebensjahres. Für Personen, die nach dem 31. Dezember 1946 geboren sind, wird die Altersgrenze wie folgt angehoben:

für den Geburtsjahrgang	erfolgt eine Anhebung um Monate	auf Vollendung eines Lebensalters von
1947	1	65 Jahren und 1 Monat
1948	2	65 Jahren und 2 Monaten
1949	3	65 Jahren und 3 Monaten
1950	4	65 Jahren und 4 Monaten
1951	5	65 Jahren und 5 Monaten
1952	6	65 Jahren und 6 Monaten
1953	7	65 Jahren und 7 Monaten
1954	8	65 Jahren und 8 Monaten
1955	9	65 Jahren und 9 Monaten
1956	10	65 Jahren und 10 Monaten
1957	11	65 Jahren und 11 Monaten
1958	12	66 Jahren
1959	14	66 Jahren und 2 Monaten
1960	16	66 Jahren und 4 Monaten
1961	18	66 Jahren und 6 Monaten
1962	20	66 Jahren und 8 Monaten
1963	22	66 Jahren und 10 Monaten
ab 1964	24	67 Jahren.

1) Zuletzt geändert durch das Vierte Gesetz zur Änderung des Vierten Buches Sozialgesetzbuch und anderer Gesetze vom 22. Dezember 2011 (BGBl. I S. 3057).

(3) Leistungsberechtigt wegen einer dauerhaften vollen Erwerbsminderung nach Absatz 1 ist, wer das 18. Lebensjahr vollendet hat, unabhängig von der jeweiligen Arbeitsmarktlage voll erwerbsgemindert im Sinne des § 43 Abs. 2 des Sechsten Buches ist und bei dem unwahrscheinlich ist, dass die volle Erwerbsminderung behoben werden kann.

(4) Keinen Anspruch auf Leistungen nach diesem Kapitel hat, wer in den letzten zehn Jahren die Bedürftigkeit vorsätzlich oder grob fahrlässig herbeigeführt hat.

§ 42 Umfang der Leistungen

Die Leistungen der Grundsicherung im Alter und bei Erwerbsminderung umfassen:

1. die sich für die leistungsberechtigte Person nach der Anlage zu § 28 ergebende Regelbedarfsstufe,
2. die zusätzlichen Bedarfe nach dem Zweiten Abschnitt des Dritten Kapitels,
3. die Bedarfe für Bildung und Teilhabe nach dem Dritten Abschnitt des Dritten Kapitels, ausgenommen die Bedarfe nach § 34 Absatz 7,
4. die Aufwendungen für Unterkunft und Heizung nach dem Vierten Abschnitt des Dritten Kapitels; bei Leistungen in einer stationären Einrichtung sind als Kosten für Unterkunft und Heizung Beträge in Höhe der durchschnittlichen angemessenen tatsächlichen Aufwendungen für die Warmmiete eines Einpersonenhaushaltes im Bereich des nach § 98 zuständigen Trägers der Sozialhilfe zugrunde zu legen,
5. ergänzende Darlehen nach § 37 Absatz 1.

§ 43 Besonderheiten bei Vermögenseinsatz und Unterhaltsansprüchen

(1) Einkommen und Vermögen des nicht getrennt lebenden Ehegatten oder Lebenspartners sowie des Partners einer eheähnlichen oder lebenspartnerschaftlichen Gemeinschaft, die dessen notwendigen Lebensunterhalt nach § 27a übersteigen, sind zu berücksichtigen; § 39 Satz 1 ist nicht anzuwenden.

(2) Unterhaltsansprüche der Leistungsberechtigten gegenüber ihren Kindern und Eltern bleiben unberücksichtigt, sofern deren jährliches Gesamteinkommen im Sinne des § 16 des Vierten Buches unter einem Betrag von 100 000 Euro liegt. Es wird vermutet, dass das Einkommen der Unterhaltspflichtigen nach Satz 1 die

dort genannte Grenze nicht überschreitet. Zur Widerlegung der Vermutung nach Satz 2 kann der zuständige Träger der Sozialhilfe von den Leistungsberechtigten Angaben verlangen, die Rückschlüsse auf die Einkommensverhältnisse der Unterhaltspflichtigen nach Satz 1 zulassen. Liegen im Einzelfall hinreichende Anhaltspunkte für ein Überschreiten der in Satz 1 genannten Einkommensgrenze vor, sind die Kinder oder Eltern der Leistungsberechtigten gegenüber dem Träger der Sozialhilfe verpflichtet, über ihre Einkommensverhältnisse Auskunft zu geben, soweit die Durchführung dieses Buches es erfordert. Die Pflicht zur Auskunft umfasst die Verpflichtung, auf Verlangen des Trägers der Sozialhilfe Beweisurkunden vorzulegen oder ihrer Vorlage zuzustimmen. Leistungsberechtigte haben keinen Anspruch auf Leistungen nach diesem Kapitel, wenn die nach Satz 2 geltende Vermutung nach Satz 4 und 5 widerlegt ist.

§ 90 Einzusetzendes Vermögen

(1) Einzusetzen ist das gesamte verwertbare Vermögen.

(2) Die Sozialhilfe darf nicht abhängig gemacht werden vom Einsatz oder von der Verwertung

1. eines Vermögens, das aus öffentlichen Mitteln zum Aufbau oder zur Sicherung einer Lebensgrundlage oder zur Gründung eines Hausstandes erbracht wird,
2. eines Kapitals einschließlich seiner Erträge, das der zusätzlichen Altersvorsorge im Sinne des § 10a oder des Abschnitts XI des Einkommensteuergesetzes dient und dessen Ansammlung staatlich gefördert wurde,
3. eines sonstigen Vermögens, solange es nachweislich zur baldigen Beschaffung oder Erhaltung eines Hausgrundstücks im Sinne der Nummer 8 bestimmt ist, soweit dieses Wohnzwecken behinderter (§ 53 Abs. 1 Satz 1 und § 72) oder pflegebedürftiger Menschen (§ 61) dient oder dienen soll und dieser Zweck durch den Einsatz oder die Verwertung des Vermögens gefährdet würde,
4. eines angemessenen Hausrats; dabei sind die bisherigen Lebensverhältnisse der nachfragenden Person zu berücksichtigen,
5. von Gegenständen, die zur Aufnahme oder Fortsetzung der Berufsausbildung oder der Erwerbstätigkeit unentbehrlich sind,
6. von Familien- und Erbstücken, deren Veräußerung für die nachfragende Person oder ihre Familie eine besondere Härte bedeuten würde,
7. von Gegenständen, die zur Befriedigung geistiger, insbesondere wissenschaftlicher oder künstlerischer Bedürfnisse dienen und deren Besitz nicht Luxus ist,

8. eines angemessenen Hausgrundstücks, das von der nachfragenden Person oder einer anderen in den § 19 Abs. 1 bis 3 genannten Person allein oder zusammen mit Angehörigen ganz oder teilweise bewohnt wird und nach ihrem Tod von ihren Angehörigen bewohnt werden soll. Die Angemessenheit bestimmt sich nach der Zahl der Bewohner, dem Wohnbedarf (zum Beispiel behinderter, blinder oder pflegebedürftiger Menschen), der Grundstücksgröße, der Hausgröße, dem Zuschnitt und der Ausstattung des Wohngebäudes sowie dem Wert des Grundstücks einschließlich des Wohngebäudes,
9. kleinerer Barbeträge oder sonstiger Geldwerte; dabei ist eine besondere Notlage der nachfragenden Person zu berücksichtigen.

(3) Die Sozialhilfe darf ferner nicht vom Einsatz oder von der Verwertung eines Vermögens abhängig gemacht werden, soweit dies für den, der das Vermögen einzusetzen hat, und für seine unterhaltsberechtigten Angehörigen eine Härte bedeuten würde. Dies ist bei der Leistung nach dem Fünften bis Neunten Kapitel insbesondere der Fall, soweit eine angemessene Lebensführung oder die Aufrechterhaltung einer angemessenen Alterssicherung wesentlich erschwert würde.

§ 94 Übergang von Ansprüchen gegen einen nach bürgerlichem Recht Unterhaltspflichtigen

(1) Hat die leistungsberechtigte Person für die Zeit, für die Leistungen erbracht werden, nach bürgerlichem Recht einen Unterhaltsanspruch, geht dieser bis zur Höhe der geleisteten Aufwendungen zusammen mit dem unterhaltsrechtlichen Auskunftsanspruch auf den Träger der Sozialhilfe über. Der Übergang des Anspruchs ist ausgeschlossen, soweit der Unterhaltsanspruch durch laufende Zahlung erfüllt wird. Der Übergang des Anspruchs ist auch ausgeschlossen, wenn die unterhaltspflichtige Person zum Personenkreis des § 19 gehört oder die unterhaltspflichtige Person mit der leistungsberechtigten Person vom zweiten Grad an verwandt ist; der Übergang des Anspruchs des Leistungsberechtigten nach dem Vierten Kapitel gegenüber Eltern und Kindern ist ausgeschlossen. Gleiches gilt für Unterhaltsansprüche gegen Verwandte ersten Grades einer Person, die schwanger ist oder ihr leibliches Kind bis zur Vollendung seines sechsten Lebensjahres betreut. § 93 Abs. 4 gilt entsprechend. Für Leistungsempfänger nach dem Dritten Kapitel gilt für den Übergang des Anspruchs § 105 Abs. 2 entsprechend.

(2) Der Anspruch einer volljährigen unterhaltsberechtigten Person, die behindert im Sinne von § 53 oder pflegebedürftig im Sinne von § 61 ist, gegenüber ihren Eltern wegen Leistungen nach dem Sechsten und Siebten Kapitel geht nur in Höhe von bis zu 26 Euro, wegen Leistungen nach dem Dritten Kapitel nur in Höhe von bis zu 20 Euro monatlich über. Es wird vermutet, dass der Anspruch in

Höhe der genannten Beträge übergeht und mehrere Unterhaltspflichtige zu gleichen Teilen haften; die Vermutung kann widerlegt werden. Die in Satz 1 genannten Beträge verändern sich zum gleichen Zeitpunkt und um denselben Vomhundertsatz, um den sich das Kindergeld verändert.

(3) Ansprüche nach Absatz 1 und 2 gehen nicht über, soweit

1. die unterhaltspflichtige Person Leistungsberechtigte nach dem Dritten und Vierten Kapitel ist oder bei Erfüllung des Anspruchs würde oder
2. der Übergang des Anspruchs eine unbillige Härte bedeuten würde.

Der Träger der Sozialhilfe hat die Einschränkung des Übergangs nach Satz 1 zu berücksichtigen, wenn er von ihren Voraussetzungen durch vorgelegte Nachweise oder auf andere Weise Kenntnis hat.

(4) Für die Vergangenheit kann der Träger der Sozialhilfe den übergegangenen Unterhalt außer unter den Voraussetzungen des bürgerlichen Rechts nur von der Zeit an fordern, zu welcher er dem Unterhaltspflichtigen die Erbringung der Leistung schriftlich mitgeteilt hat. Wenn die Leistung voraussichtlich auf längere Zeit erbracht werden muss, kann der Träger der Sozialhilfe bis zur Höhe der bisherigen monatlichen Aufwendungen auch auf künftige Leistungen klagen.

(5) Der Träger der Sozialhilfe kann den auf ihn übergegangenen Unterhaltsanspruch im Einvernehmen mit der leistungsberechtigten Person auf diesen zur gerichtlichen Geltendmachung rückübertragen und sich den geltend gemachten Unterhaltsanspruch abtreten lassen. Kosten, mit denen die leistungsberechtigte Person dadurch selbst belastet wird, sind zu übernehmen. Über die Ansprüche nach den Absätzen 1 bis 4 ist im Zivilrechtsweg zu entscheiden.

§ 102 Kostenersatz durch Erben

(1) Der Erbe der leistungsberechtigten Person oder ihres Ehegatten oder ihres Lebenspartners, falls diese vor der leistungsberechtigten Person sterben, ist vorbehaltlich des Absatzes 5 zum Ersatz der Kosten der Sozialhilfe verpflichtet. Die Ersatzpflicht besteht nur für die Kosten der Sozialhilfe, die innerhalb eines Zeitraumes von zehn Jahren vor dem Erbfall aufgewendet worden sind und die das Dreifache des Grundbetrages nach § 85 Abs. 1 übersteigen. Die Ersatzpflicht des Erben des Ehegatten oder Lebenspartners besteht nicht für die Kosten der Sozialhilfe, die während des Getrenntlebens der Ehegatten oder Lebenspartner geleistet worden sind. Ist die leistungsberechtigte Person der Erbe ihres Ehegatten oder Lebenspartners, ist sie zum Ersatz der Kosten nach Satz 1 nicht verpflichtet.

(2) Die Ersatzpflicht des Erben gehört zu den Nachlassverbindlichkeiten. Der Erbe haftet mit dem Wert des im Zeitpunkt des Erbfalles vorhandenen Nachlasses.

(3) Der Anspruch auf Kostenersatz ist nicht geltend zu machen,

1. soweit der Wert des Nachlasses unter dem Dreifachen des Grundbetrages nach § 85 Abs. 1 liegt,
2. soweit der Wert des Nachlasses unter dem Betrag von 15 340 Euro liegt, wenn der Erbe der Ehegatte oder Lebenspartner der leistungsberechtigten Person oder mit dieser verwandt ist und nicht nur vorübergehend bis zum Tod der leistungsberechtigten Person mit dieser in häuslicher Gemeinschaft gelebt und sie gepflegt hat,
3. soweit die Inanspruchnahme des Erben nach der Besonderheit des Einzelfalles eine besondere Härte bedeuten würde.

(4) Der Anspruch auf Kostenersatz erlischt in drei Jahren nach dem Tod der leistungsberechtigten Person, ihres Ehegatten oder ihres Lebenspartners. § 103 Abs. 3 Satz 2 und 3 gilt entsprechend.

(5) Der Ersatz der Kosten durch die Erben gilt nicht für Leistungen nach dem Vierten Kapitel und für die vor dem 1. Januar 1987 entstandenen Kosten der Tuberkulosehilfe.

Hilfreiche Adressen

Stellen, die Adressen spezialisierter Rechtsanwälte vermitteln

Deutsche Anwalt-Auskunft
Tel: 0 18 05/18 18 05
www.anwaltauskunft.de
Vermittelt bundesweit der Anwalt-Auskunft angeschlossene Rechtsanwälte

Anwalt-Suchservice
Gustav-Heinemann-Ufer 58
50968 Köln
Tel: 02 21/9 37 38-03
Fax: 02 21/9 37 38-9 61
www.anwalt-suchservice.de
Vermittelt bundesweit dem Anwalt-Suchservice angeschlossene Rechtsanwälte

Deutscher Anwaltverein
Littenstraße 11
10179 Berlin
Tel: 0 30/72 61 52-0
Fax: 0 30/72 61 52-1 90
www.anwaltverein.de

Hier erfahren Sie auch die Adresse des örtlichen Anwaltvereins in Ihrer Nähe.

Weitere wichtige Anlaufadressen

- Standesämter sind für Fragen des Personenstands zuständig.
- Botschaften und Konsulate der ausländischen Staaten geben Auskünfte zu dem jeweiligen Heimatrecht.
- Bei der Vermittlung eines Notars ist Ihnen Ihr Rechtsanwalt behilflich.

Stichwortverzeichnis